KB065116

18세기 후반의 정치의식 투영된 정치사 정리와 기술
노론의 시각으로 해석하고 재편집한 당론서
필사본과 연활자본 비교

설하거사 남기제 병자사략

雪下居士 南紀濟 丙子事略

南紀濟 원저 · 申海鎭 역주

머리말

이 책은 설하거사(雪下居士) 남기제(南紀濟, 1747~1813)가 저술한 《아아록(我我錄)》에 수록된 〈병자사략(丙子事略)〉을 번역하였다.

동서고금을 살피건대 정치세력 간 갈등이 없었던 때가 있었는지 자문하게 된다. 조선시대로 초점화 하면, 전기에는 훈구파와 사림파 간의 혈투인 사화(士禍)가 있었고, 후기에는 사색 당쟁이 있었다. 후기의 사색 당쟁은 1575년 이조 전랑(吏曹銓郎: 인사 담당) 자리를 놓고 서인과 동인으로 갈라진 것이 그 시초이다. 그들이 왜란의 대비책을 놓고 격돌했던 것은 너무나 잘 알려진 사실이다. 그리고 동인이 먼저 정철(鄭澈)의 처벌 수위를 놓고 대립한바, 강경파를 북인으로 온건파를 남인으로 부른다. 강경파인 북인은 다시 광해군파인 대북과 영창대군파인 소북으로 갈라졌다가 인조반정으로 인해 역사의 전면에서 사라진다. 남인도 숙종 때 서인에 의해 경신대출척(1680)으로 말미암아 축출된다. 그 처벌문제를 놓고 서인도 또한 노론과 소론으로 분파했다. 이 책은 이런 당쟁 자체보다는 당쟁을 둘러싼 환경과 맥락에서 과거의 역사적 사건을 어떻게 바라보고 있는지 살피기 위한 일환인 바, 병자호란을 대상으로 소환한 것이다.

참혹과 치욕의 역사적 사건인 병자호란에 대해 어떠한 시각과 방식으로 기억하여 자신들의 정치적 정당성을 강조하며 그들의 메시지를 후대로 전파시키고 있는지 살피는 것도 정치사는 물론 사상사와 문화사의 움직임을 이해하는데 한 방안일 것으로 생각한다.

남기제는 《아아록》을 통해 동서 분당 이후 전개된 주요한 정치적 사건, 그리고 조선 전기 이래 경종대까지의 사화(士禍), 임진왜란과 병자호란의 문제 등을 일목요연하게 노론의 시각으로 정리하고 해석하였으니, 이 문헌은 이른바 당론서이다.

남기제의 본관은 의령(宜寧), 자는 인수(仁叟), 호는 설하거사 또는 설산거사(雪山居士)이다. 그에 대한 개인적 기록은 많지 않은 대신, 가계에 대한 연구는 심화되어 있다. 남기제의 7대조 남언경(南彦經, 1528~1594)은 조선시대 최초로 양명학을 도입한 인물인데, 그의 사위는 장수황씨 황곤후(黃坤厚)이다. 황곤후의 아버지는 황혁(黃赫)이고, 아들은 황상(黃裳)이다. 황상의 장인은 장운익(張雲翼)이고, 장운익의 아들은 장유(張維)이다. 장유의 부인은 김상용(金尙容)의 둘째 딸인데, 남기제의 5대조인 남호학(南好學, 1585~?)의 부인이 김상용의 맏딸이니 서로 동서지간이다. 김상용은 척화신 김상헌(金尙憲)의 형이다. 남호학의 아들 남노성(南老星, 1603~1667)은 장유의 딸 인선왕후(仁宣王后)와 이종사촌이며, 그의 부인은 율곡 집안인 이안인(李安訒)의 딸 덕수이씨(德水李氏)로 병자호란 때 강화도에서 순절하였다. 남노성의 아들인 남택하(南宅夏, 1643~1718)의 부인은 오두인(吳斗寅)의 첫째 딸 해주오씨(海州吳氏)이다. 오두인의 둘째 아들 오태주(吳泰周)는 현종(顯宗)의 셋째 딸인 명안공주(明安公主)의 부군이다.

오태주의 동생 오진주(吳晉周)는 김창협(金昌協)의 사위이다. 김창협은 김상헌의 증손자이다. 오두인의 셋째 딸의 부군은 이재(李縡)이니, 남택하의 동서이다. 남택하의 아들 남도진(南道振, 1674~1735)은 경학으로 감역 봉사(監役奉事)에 천거되었으나 벼슬에 나아가지 않았다. 남도진의 아들인 남욱관(南彧寬, 1723~1755)의 부인은 유언길(兪彦吉)의 딸 기계유씨(杞溪兪氏)이다. 곧 남기제의 부친과 모친이다. 유언길은 유비(兪棐)의 증손자이자, 시남(市南) 유계(兪棨)의 종증손자이다.

이러한 가계를 보았을 때 남기제는 서인-노론-낙론으로 이어지는 정치의식을 가졌을 개연성이 크다고 할 수 있겠지만, 반드시 그렇다고 할 수 없는 것이 남언경의 형인 남언순(南彦純)의 고손자 남구만(南九萬)은 송준길(宋浚吉)의 문하에서 수학하였고 소론의 영수였기 때문이다. 그렇다 하더라도 남기제가 지닌 정치의식의 배경은 이해할 수 있을 것으로 생각한다. 남기제의 스승 김원행(金元行)은 주지하듯 김상헌의 후손이다. 요컨대 김상용과 남노성 및 남택하와 김창협을 통한 혼맥, 김원행과 남기제를 통한 학맥이 서로 이어지고 있는데, 남택하와 이재(李縡) 및 김창협과 이재를 통해서는 혼액과 학맥이 동시에 연결되고 있는 셈이다.

이제, 남기제가 《아아록》을 저술한 시기는 언제였는지 확인할 필요가 있다. 본문 가운데 1721년과 1722년의 신임사화(辛壬士禍)를 설명하면서 표현된 금상(今上)은 영조(英祖: 《영조실록》 1740년 11월 5일 3번째와 4번째 기사)를 가리키며, 또 〈용문문답(龍門問答)〉의 첫머리에 나오는 갑오년은 영조 50년인 1774년이다. 이해는 1772년에 스승 김원행이 세상을 떠난 지 3년이 되는 해이기도 하다. 이에 근거하여 심상(心喪) 3년을 치른 직후 스승을 기리면서 헌정한 것이 아닌가 추론하기도 한다. 그 저술 시기를 막연하게 열어둘 것이 아니라, 영조가 1776년까지 재위하였고 금상이란 표현을 염두에 둔다면, 1774년과 1776년 사이로 특정하여 저술한 것으로 추정할 수 있을 것이다. 이렇게 추정하면, 이의철(李宜哲, 1702~1778)이 편집한《대동패림속집(大東稗林續集)》에《아아록》이 편차되어 있는 사정도 이해할 수 있게 된다.

《아아록》은 구성에 있어서 이본마다 조금씩 다르기는 하지만, '권두-본문 4부분-권말'로 구성되는 것이 일반적이다. 권두에는 남기제의 서문, 열성계서도(列聖繼序圖), 목록이 있다. 본문에는 권1과 권2에 〈용문문답〉이 수록되어 있는데, 원주(原州), 여주(驪州), 한양(漢陽)에서 온 사색당파(四色黨派)의 대표들이 용문산(龍門山) 설암정사(雪庵精舍)에 모여 그 분당의 시말을 나누는 대화체로 기술하였다. 권3에 12개 사화(士禍)의 전말이 수록되어 있는데, 계유사화(癸酉士禍, 端宗), 병자사화(丙子士禍, 世祖), 무오사화(戊午士禍, 燕山君), 갑자사화(甲子士禍, 燕山君), 기묘사화(己卯士禍, 中宗), 신사사화(辛巳士禍, 中宗), 을사사화(乙巳士禍, 明宗), 정미사화(丁未士禍, 明宗), 기유사화(己酉士禍, 明宗), 임자사화(壬子士禍, 光海君), 기사사화(己巳士禍, 肅宗), 신축사화(辛丑士禍, 景宗) 등을 기사본말체로 기술하여, 노론의 역사적 연원을 드러내었다. 권4에 〈임진사략(壬辰事略)〉과

〈병자사략(丙子事略)〉이 수록되어 있는데, 사대명분론의 정당성을 드러내었다. 권말에는 남기제의 후기와 김구현(金龜鉉, 1820~1901)의 〈원론(原論)〉이 수록되어 있다.

《아아록》이 저술된 이후로 다양한 형태로 필사되거나 활자화되어 전해지고 있다. 첫째는 단일본 형태인데, 일반적인 구성에서 출입 양상을 보이는 여러 형태의 이본들이 있으나 서울대학교 규장각한국학연구원 소장본(奎 7770)이 가장 정제된 것으로 알려져 있다. 둘째는 유집(類集)과 함께 묶인 형태인데, 이 형태 또한 다양한 이본들이 있으나 미국 버클리대학교 동아시아도서관 소장 이의철(李宜哲) 편집 《대동패림소집》의 수록본이 주목되는 이본이다. 셋째는 연활자본 인쇄 형태인데, 1927년 경성 아아록출판사에서 출판한 것으로 국립중앙도서관 소장본이다. 이 책에서는 서울대학교 규장각한국학연구원 소장 필사본을 텍스트로 삼아 역주하였다.

〈병자사략〉은 병자호란 당시의 정황을 비교적 세세히 기술하였다. 여진족의 후금(後金)에서 청(淸)으로 변모과정, 강홍립의 투항사건, 척화와 주화의 논쟁에 따른 대립, 강화도의 함락과 순절인들, 인조(仁祖)의 남한산성 피신과 항복 과정, 장수들의 사적(事蹟), 병자호란 뒤에 생긴 일, 삼학사(三學士)와 독보(獨步) 등의 내용을 담고 있다. 특히 척화파 김상헌 등에 대해서는 긍정적으로 평가한 반면, 주화파 최명길 등에 대해서는 나라를 팔아먹었다며 부정적으로 비판하였다. 그리하여 반청의식의 고양에 따른 존주배청(尊周排淸)에 기반한 소중화론(小中華論)이 형성될 수 있었던 배경을 들여다볼 수 있었다.

한편, 1849년 10월 화남정사(華南精舍)에서 김구현(金龜鉉, 1820~1901)이 등사한 것으로 알려진 서울대학교 규장각한국학연구원 소장 필사본(奎 7770)과 1927년 경성 아아록출판사에서 간행한 것으로 국립중앙도서관 소장 연활자본(한古朝56-나42)의 각기 권4에 실린 〈병자사략(丙子事略)〉을 텍스트로 삼아 출입 양상을 살폈다. 필사 형태로 떠돌던 이본들이 널리 보급될 수 있도록 근대적인 출판물로 전환되는 과정에서의 실상 및 그 실상이 지니는 의미도 아울러 살필 수 있도록 하기 위한 것이었다.

한결같이 하는 말이지만 나름대로 최선을 다하고자 했다. 그러함에도 불구하고 여전히 부족할 터이니 대방가의 질정을 청한다. 끝으로 편집을 맡아 수고해 주신 보고사 가족들의 노고와 따뜻한 마음에 심심한 고마움을 표한다.

2023년 3월 빛고을 용봉골에서
무등산을 바라보며 신해진

차례

병자사략 丙子事略

일러두기

이 책은 다음과 같은 요령으로 엮었다.

01. 번역은 직역을 원칙으로 하되, 가급적 원전의 뜻을 해치지 않는 범위 내에서 호흡을 간결하게 하고, 더러는 의역을 통해 자연스럽게 풀고자 했다. 다음의 자료가 참고되었다.
   • 『역주 아아록』, 임병수 외 5인 역, 역사문화, 2016.
02. 원문은 저본을 충실히 옮기는 것을 위주로 하였으나, 활자로 옮길 수 없는 古體字는 今體字로 바꾸었다.
03. 원문표기는 띄어쓰기를 하고 句讀를 달되, 그 구두에는 쉼표(,), 마침표(.), 느낌표(!), 의문표(?), 홑따옴표(' '), 겹따옴표(" "), 가운데점(·) 등을 사용했다.
04. 주석은 원문에 번호를 붙이고 하단에 각주함을 원칙으로 했다. 독자들이 사전을 찾지 않고도 읽을 수 있도록 비교적 상세한 註를 달았다.
05. 주석 작업을 하면서 많은 문헌과 자료들을 참고하였으나 지면관계상 일일이 밝히지 않음을 양해바라며, 관계된 기관과 여러분께 진심으로 감사드린다.
06. 이 책에 사용한 주요 부호는 다음과 같다.
   (　　) : 同音同義 한자를 표기함.
   [　　] : 異音同義, 出典, 교정 등을 표기함.
   "　　" : 직접적인 대화를 나타냄.
   '　　' : 간단한 인용이나 재인용, 또는 강조나 간접화법을 나타냄.
   〈　　〉: 편명, 작품명, 누락 부분의 보충 등을 나타냄.
   「　　」: 시, 제문, 서간, 관문, 논문명 등을 나타냄.
   《　　》: 문집, 작품집 등을 나타냄.
   『　　』: 단행본, 논문집 등을 나타냄.
   ◇　: 필사본에는 없으나 연활자본에는 있을 때.
07. 이 책과 관련된 안내 사항과 논문은 다음과 같다.
   • 서울대학교 규장각한국학연구원 소장 《아아록(我我錄)》 권4에 엮어진 〈병자사략(丙子事略)〉의 이미지를 이 책의 말미에 영인하였다. 다만, 김구현의 '원론'도 함께 영인한 것은 필사 간기를 살피도록 하기 위함이다.
   • 정호훈, 「《아아록(我我錄)》의 조선정치사 서술과 인식 태도」, 『역사와현실』 85, 한국역사연구회, 2012.
   • 이성호, 「南紀濟의 《我我錄》과 조선시대 정치사 인식」, 『韓國思想과 文化』 77, 한국사상문화연구원, 2015.

병자사략

丙子事略

번역

병자사략

○만력(萬曆) 기미년(1619)에 경략(經略) 양호(楊鎬)가 사로군(四路軍)으로 분담하여 아노합적(兒奴哈赤: 奴兒哈赤의 오기. 누르하치. 이하 동일)을 공격하였으나 대패하였으니, 반숭안(潘崇顔: 潘宗顔의 오기)과 두영징(竇永澄) 등이 죽었다. 도독(都督) 유정(劉綎)이 우리나라의 군사를 거느리고 그들을 공격하였으나 유정 및 교일기(喬一琦)·유송(劉松: 杜松의 오기) 등이 모두 죽었다.

명나라 4로군 편성

부대구분	장수		부대구분	장수	
총사령관	경략	양호(楊鎬)			
좌익중로군 (左翼中路軍)	총병 총병 총병 감군도(監軍道)	두송(杜松) 왕선(王宣) 조몽린(趙夢麟) 장전(張銓)	우익중로군 (右翼中路軍)	총병 총병 감군도	이여백(李如柏) 하세현(河世賢) 염명태(閻鳴泰)
	유격 유격	공염수(龔念遂) 이계필(李季泌)			
좌익북로군 (左翼北路軍)	총병 부장	마림(馬林) 마암(麻岩)	우익남로군 (右翼南路軍)	총병 감군도	유정(劉綎) 강응건(康應乾)
	감군도	반종안(潘宗顔)		유격 조선군	교일기(喬一琦) 강홍립(姜弘立)
	유격 여허군	두영징(竇永澄) 긴타이시			

우리나라 장수 김응하(金應河)가 힘껏 싸웠으나 또한 죽으니, 천자(天子: 명나라 신종)가 조서를 내려 요동백(遼東伯)에 추증하였다. 그러나 원수 강홍립(姜弘立)은 김경서(金景瑞)와 함께 오랑캐에 항복하였다가 돌아왔다. 【협주: 김경서는 나중에 몰래 일기를 써서 본국으로 보내려고 하였으나 강홍립의 고발에 의해 오랑캐 놈에게 해를 입었다.】

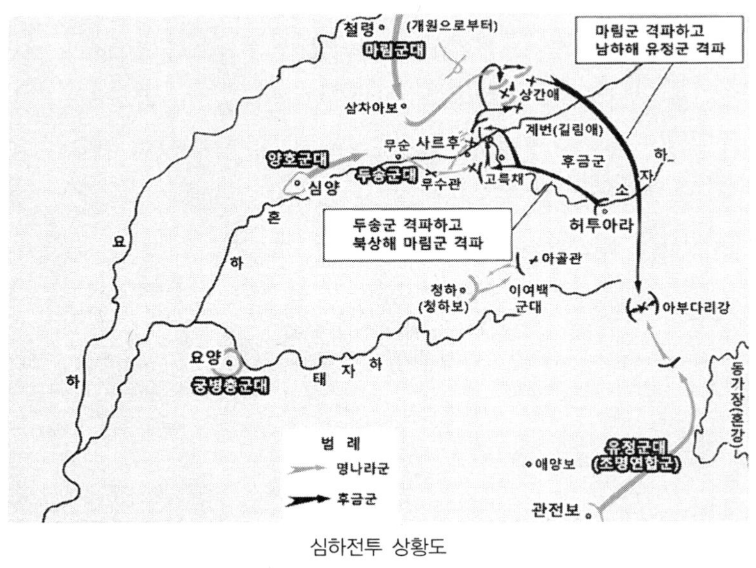

심하전투 상황도

갑자년(1624) 이괄(李适)의 난 때 그 도당 한명련(韓明璉)은 주살되었으며, 그의 아들 한연(韓沇: 韓潤의 오기)은 노적(奴賊)의 소굴로 도망쳐 들어가 우리나라가 강홍립의 온 집안을 모조리 죽인 것으로 여기도록 속여서 강홍립을 꾀어냈다. 정묘년(1627) 강홍립이 노적(奴

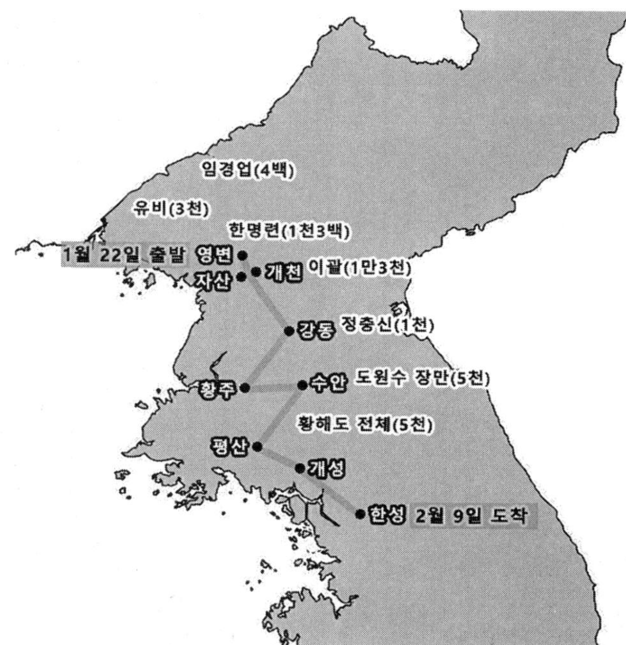

1623년 말 조선군의 북방 배치 및 1624년 이괄의 진격로

賊)을 유인하여 쳐들어와서 밤중에 의주(義州)를 습격하니, 부윤 이완(李莞)과 판관 최몽량(崔夢亮)이 피살되었다. 노적이 안주(安州)를 함락시키자, 병사(兵使) 남이흥(南以興)과 목사(牧使) 김준(金俊: 金浚의 오기)이 스스로 성에 불을 지르고 뛰어들어 죽었으며, 주상(主上: 인조)은 강도(江都: 강화도)로 피하였고 세자(世子: 소현세자)는 분조(分朝)를 이끌어 전주(全州)로 내려갔다. 강홍립의 삼촌 강인(姜絪) 및 그의 처자(妻子: 妾子의 오기인 듯. 강홍립의 庶子 姜璹)를 노적의 진지 앞에

보내니, 강홍립은 자신의 온 집안 사람들이 모두 생존해 있는 것을 알고서야 비로소 후회하는 뜻이 생겼다. 노적 또한 강홍립에 의해 유인되어 내려왔으나 봄과 여름 사이에 요수(遼水)가 크게 불어나면 진퇴양난일 것이라서 강홍립 및 그가 첩으로 삼은 노적의 여자를 내어 보낸 뒤에 화친을 맺고 되돌아갔다. 이때 주화자(主和者)는 참판 최명길(崔鳴吉)이었고, 척화자(斥和者)는 대간 윤황(尹煌)이었다.

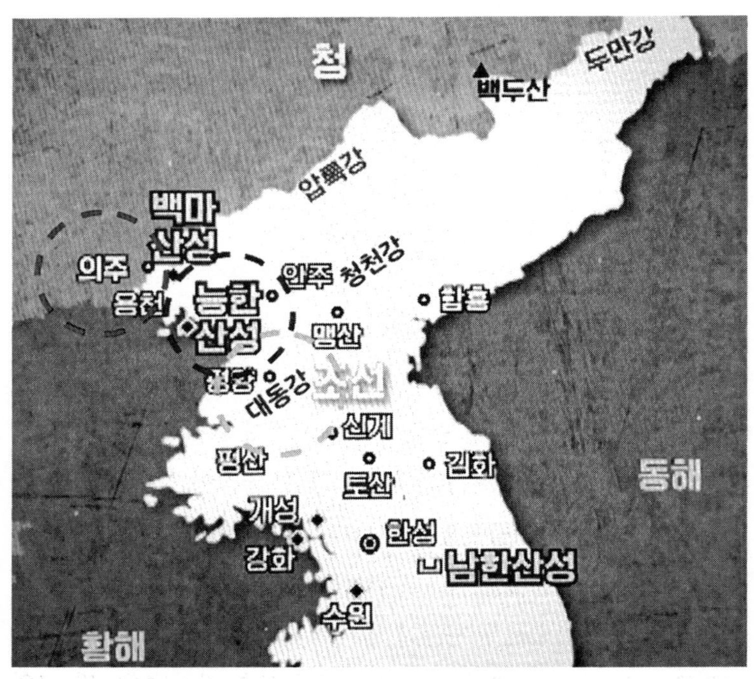

출처: 토크멘터리 전쟁사[동아시아전쟁사-정묘호란](국방TV)

○ 기사년(1629) 상국(上國: 명나라)이 웅정필(熊廷弼)로 양호(楊鎬)를 대신하도록 하였었던 그 양호가 옥중에서 병들어 죽었다. 이보다 앞서 노아합적(奴兒哈赤: 누르하치)이 후금국(後金國)의 칸(汗)이라 참칭해오다가 황색 옷을 입고 짐(朕)이라 칭하며 심양(瀋陽)과 요동(遼東)을 함락시켰다. 이에 명나라 조정에서 원숭환(袁崇煥)으로 웅정필을 대신하도록 하여 노추(奴酋: 누르하치)를 대파하고 그의 군사들을 모두 몰살시키자, 노아합적(奴兒哈赤)이 분개하였으나 등창이 나서 죽었다. 경오년(1630) 노적(奴賊: 홍타이지)이 쳐들어왔는데, 원숭환이 능히 방어하지 못하였으므로 그를 기둥에 묶어 세우고 창으로 찔러 죽였다. 이해에 노아합적의 셋째아들 홍타시(弘他時: 홍타이지)가 황제로 즉위하였다.

임신년(1632) 인목왕후(仁穆王后: 宣祖의 계비, 영창대군의 모친)의 상사(喪事)에 호장(胡將: 滿月介)이 조문한다는 구실로 우리나라의 정세를 탐문하러 오자, 장령(掌令) 홍익한(洪翼漢)·관유(館儒: 성균관 유생) 윤선거(尹宣擧)가 상소하여 오랑캐 사신을 베어 죽일 것을 청하니 오랑캐 장수가 이를 듣고 도망가 버렸다. 이때 최명길(崔鳴吉)이 상소하여 화사(和使: 화친 사신) 보낼 것을 청하자, 교리(校理) 오달제(吳達濟)·수찬(修撰) 윤집(尹集)이 상소하여 최명길을 베어 죽일 것을 청하니 영상(領相: 영의정) 김류(金瑬) 또한 화의(和議)를 주장하며 오달제와 윤집의 상소를 극력 배격하였다.

○ 병자년(1636) 봄, 동지(同知) 이확(李廓)·첨지(僉知) 나덕헌(羅德憲)이 사신으로 노국(奴國: 후금)의 심양(瀋陽)에 갔는데, 후금(後金)의

칸(汗) 홍타시(弘他時: 홍타이지)가 황제를 참칭하고 국호를 청(淸)이라 하면서 이확 등을 겁박하며 하례(賀禮)에 참여토록 하였다. 이확이 죽기로 저항하며 따르지 않자, 오랑캐 놈들이 이확 등을 으스러지도록 구타하여 의관이 다 찢어졌어도 끝내 굽히지 않으니 한인(漢人: 포로가 된 명나라 사람)들이 이를 보고서 눈물을 흘리는 자까지 있었다. 이확 등이 장차 돌아오려 할 때 칸(汗: 홍타이지)이 답서(答書)를 부쳤는데, 답서에 황제라 칭하였으니 이확 등은 말이 병든 데다 임무가 막중하다는 구실로 호인(胡人)에게 답서를 맡겨 두고 돌아왔다. 평안감사(平安監司) 홍명구(洪命耈)는 이확 등이 엄한 말로 준엄히 배척하지 않고 황제를 참칭하고 국호를 청(淸)이라 한 답서를 받아 왔다면서 급히 장계(狀啓)를 올려 효수해 보이기를 청했는데, 판서(判書: 이조판서) 김상헌(金尙憲)이 우선 잡아 와서 상세히 물어보기를 청하니 주상이 그대로 따랐다.

○같은 해 겨울, 도원수(都元帥) 김자점(金自點)이 제 스스로 생각하기를, '올 겨울에는 오랑캐가 반드시 오지 않을 것이다.'라고 여겼으니, 어떤 사람이 적이 온다고 하면 화를 내고 오지 않는다고 하면 기뻐하면서 군관(軍官) 신용(申榕)을 의주(義州)로 보내어 그 형세를 살피도록 했는데, 순안(順安)에 이르자 노적(奴賊)들이 이미 온통 가득 들어찬 데다 평안 감사(平安監司: 홍명구)는 가까스로 혼자서 말을 타고 자모산성(慈母山城)에 달려 들어갈 수 있었다. 신용이 돌아와 본대로 보고하니, 김자점은 그 보고를 망령된 말로 여기고 목을 베려 하였다. 하지만 나중에 보낸 군관이 또 돌아와서 위급함을 보고하니,

김자점이 하는 수 없어 그제서야 장계(狀啓)를 올렸다. 노적이 강(江: 압록강)을 건너서는 성곽(城廓)과 진영(鎭營)을 돌아보지도 않고 강화(講和)를 핑계대며 비바람이 몰려오듯 빨랐고, 변방 신하가 올린 장계를 노적이 모두 탈취하였으므로, 조정에서는 까맣게 모르고 있었다.

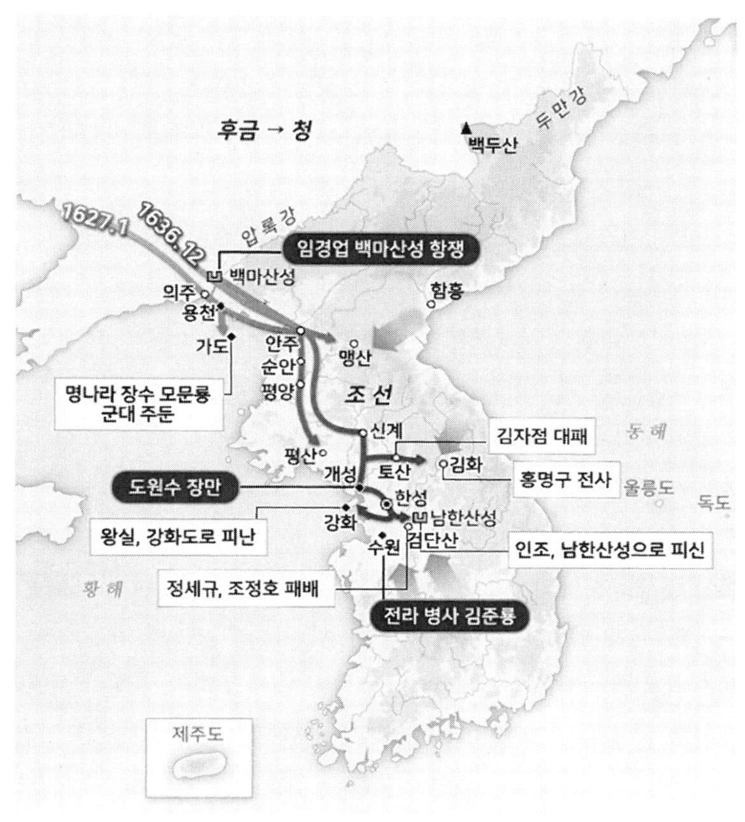

병자호란

○도원수 김자점이 토산(兎山)에 이르렀을 때 적군이 대거 들이닥치자, 김자점은 군사를 버려둔 채로 혼자서 말을 타고 산으로 올라가 도주하였다. 종사관(從事官) 정태화(鄭太和)가 부랴부랴 관아(官衙) 안으로 들어가 어영포수(禦營砲手: 御營砲手의 오기)들에게 한꺼번에 포를 쏘게 하자, 적군이 조금 물러났다.

○평안 감사(平安監司) 홍명구가 병사(兵使) 류림(柳琳)과 동시에 진군하고자 했지만, 류림이 기꺼이 진군하려 하지 않자 홍명구가 군률에 걸어 다스리려고 하니 류림이 마지못하여 그대로 따랐다.【협주: 홍명구는 임금에게 충성을 다하는 것을 급한 것으로 여겼고, 류림은 곧장 심양(瀋陽)으로 달려가는 것을 계책이라 여겼는데, 병법으로 말하자면 류림의 계책이 적합하였으나 홍명구가 따르지 않은 것은 단지 충의에 북받쳐서 나온 것이었으므로 오호라 애석하다.】 두 사람이 이로부터 병력을 나누었는데, 김화(金化)에 이르러 류림과 진영(陣營)을 합치고자 했지만 류림이 따르지 않고 또 머뭇거리며 지체하려는 뜻이 있자, 홍명구가 말하기를, "군부(君父: 임금)가 위급하고 긴박한 상황에 있으니 성으로 차라리 진격하다가 죽을지언정 퇴각하여 살려고 해서는 안 될 것이다."라고 하면서 칼을 뽑아 군사들을 전진시켰으나 패하여 죽고 말았다. 류림과 이원일(李元一: 李一元의 오기)은 앉아서 보기만 하며 싸우지 않았다.

○김자점(金自點)의 장계(狀啓)가 온 뒤에야 조정이 비로소 적변의 소식을 알았는데, 묘당(廟堂: 의정부)에서 논의하기를 장차 강도(江都: 강화도)로 들어가되 심기원(沈器遠)을 유대장(留大將: 留都大將의 오기)으로 삼았다. 대가(大駕)가 남문(南門: 남대문)으로 나가려는데, 적군이

이미 홍제원(弘濟院)에 도착해서 주상(主上)은 도로 도성(都城)으로 들어왔다. 대장(大將: 都監大將) 신경진(申景禛, 협주: 申砬의 아들)이 모화관(慕華館)으로 나가 진(陣)을 쳤는데, 이보다 앞서 장관(將官: 都監將官) 이흥업(李興業)을 보내어 80명의 기병(騎兵)을 거느리고 적군을 맞아 막도록 하였었다. 장관 이하 모두가 가솔들과 통곡하며 이별함에 지나치게 술을 마셔 몹시 취하지 않은 자가 없었으니, 창릉(昌陵)의 건너편에 이르러 적에게 죄다 몰살되고 단지 몇 명의 기병만 남았다. 대가(大駕)가 수구문(水口門)으로 나가 남한산성(南漢山城)에 들어갔다. 최명길이 자청하여 호장(胡將: 후금 장수)을 만나러 가서 우리나라로 깊숙이 들어온 의도를 묻자, 답하기를, 귀국이 아무런 까닭 없이 맹약(盟約)을 저버리니 다시 화약(和約)을 맺으러 왔다고 운운하였다.

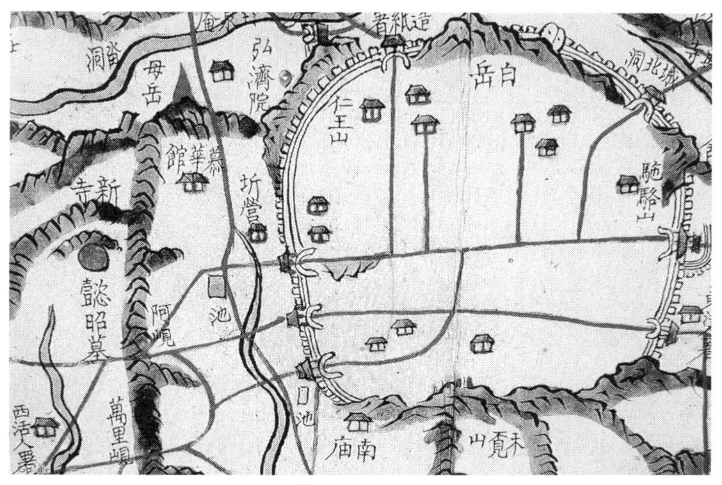

홍제원 · 모화관

○ 적군이 뒤를 따라 대거 들이닥쳐서 성을 몇 겹으로 에워싸니 안팎이 서로 통하지 못했다. 적군이 처음 들이닥쳐 왔을 때는 몰골이 귀신 같고 말들도 모두 지쳤는데, 여러 장수들이 두려움을 품고 감히 나가 싸우지 않았으니 통탄함을 견딜 수 있겠는가?

마호(馬胡: 馬夫大)가 왕자(王子)를 보내야만 화친(和親)을 맺을 수 있다고 요구하자, 조정에서 능봉수(綾峯守)를 임시 직함인 왕자로 삼고 병판(兵判: 병조 판서) 심집(沈諿)을 임시 직함인 대신(大臣)으로 삼아 오랑캐 진영(陣營)에 내보냈다. 심집은 비록 미개한 오랑캐일지라도 속일 수 없을 것으로 여기고서 오랑캐에게 일러 말하기를, "나도 대신이 아니고 저도 왕자가 아니다."라고 하자, 마호가 화를 내며 말하기를, "동궁이 오지 않으면 화친을 할 수가 없다."라고 하였다. 영상(領相) 김류(金瑬)·좌상(左相) 홍서봉(洪瑞鳳) 및 김신국(金藎國)·이성구(李聖求)·최명길(崔鳴吉)·장유(張維) 등이 동궁을 오랑캐 진영에 보내기를 청하고 또 황제라 칭하도록 청하니, 주상이 그대로 따르지 않았다. 예판(禮判: 예조 판서) 김상헌(金尙憲)이 큰소리로 조정에서 말하기를, "내가 응당 이러한 건의를 한 자들을 손수 칼로 베고 맹세코 하늘의 해를 함께 이지 않겠다."라고 하니, 김류가 비로소 그 잘못을 깨닫고 대궐에 나아가 대죄하였다. 최명길은 소고기와 술을 청하여 오랑캐 진영에 보냈는데, 오랑캐가 말하기를, "우리 군중(軍中)은 날마다 소를 잡고 술을 마시며 아주 귀중한 물건도 산처럼 쌓였거늘, 이것을 어디에 쓰겠는가? 너희 나라 임금과 신하들이 오랫동안 바위굴에 거처하며 굶은 지가 이미 오래되었으니, 너희들 자신을 위해서

쓰도록 하라."라고 하면서 마침내 받지 않았다.

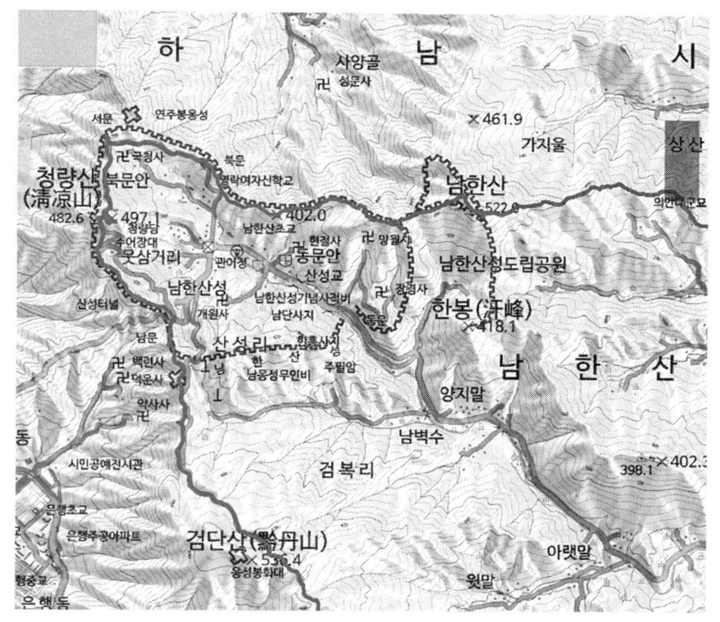

검단산

○남한산성 안에서는 날마다 구원병을 바랐으나 고요하기만 할 뿐 사람 하나도 볼 수가 없었다. 그러하였지만 충청 감사(忠淸監司) 정세규(鄭世規)가 눈물을 뿌리며 죽기를 무릅쓰고 와서 광주(廣州)에 진(陣)을 쳤으나 적에게 패했고, 노산 현감(魯山縣監: 尼山縣監) 김홍익(金弘翼)·남포 현감(藍浦縣監) 이경선(李慶善)도 모두 적에게 죽었는데 정세규는 절벽 아래에 떨어졌으나 살아날 수 있었다. 강원 감사

(江原監司) 조정호(趙廷虎)가 적변을 듣자마자 곧바로 영장(營將) 권정길(權井吉)과 함께 달려와 광주(廣州)의 검단산(黔丹山)에 도착하였으나 그 뒤에 적에게 패하였다. 참판(參判: 參議의 오기) 나만갑(羅萬甲)이 주상에게 말하기를, "전하의 신하로는 단지 정세규 한 사람뿐이며 조정호가 그 다음입니다. 이들 외에는 모두 앉아서 군부(君父)의 위급함을 바라보기만 하며 근왕(勤王)할 생각이 없습니다."라고 하였으니, 성상(聖上) 또한 어찌 분노하는 마음이 없었겠는가.

○체상(體相: 도체찰사) 김류(金瑬)가 친히 장수와 군사들을 거느리고 성 안의 서쪽 지역으로 가서 싸움을 독려했는데, 성 아래로 개울이 흐르는 골짜기가 있었다. 오랑캐 기병을 곳곳에 숨기고는 노적(奴賊)들이 마침내 거짓으로 퇴각하는 체하자, 김류가 군사들을 독려하며 내려가 추격하도록 명령하였지만, 오랑캐 기병이 사방에서 나와 짓밟으며 아군을 모두 죽였다. 또 접전하였을 때에 탄환을 많이 주면 혹시라도 헛되이 소모해버릴까봐 달라는 대로만 주었으므로 화약을 달라는 소리가 시끄럽더니, 양측 군대가 서로 접전하는데 어느 겨를에 화약을 달라고 했겠는가. 단지 총자루로만 서로 뒤엉켜 치고 때릴 뿐이었다. 산 언덕이 험준하고 가팔라 형세상 올라가기 어려워서 화약을 달라고 했지만 모두가 죽기에 이르렀다. 역사(力士) 조양(趙陽)이 나가 사력을 다해 싸워 많은 노적을 사살했는데, 몸에 화살 9대를 맞고도 살아서 돌아왔다. 김류가 자기 마음대로 전투하여 스스로 패하고 그 허물을 돌릴 곳이 없자 북성장(北城將) 원두표(元斗杓)가 구원하지 않은 탓으로 핑계대며 장차 극형에 처하려 하였다. 조정에

서 의논하여 수장(首將)이 기율을 지키지 않았으면서 그 죄를 부장(副將)에게 돌리는 것은 매우 온당하지 못한 일이라고 하니, 김류가 마지못하여 대궐에 나아가 대죄하였다.

남한산성

○ 유도대장(留都大將) 심기원(沈器遠)이 장계(狀啓)를 올려 거짓으로 보고하기를, 아현(阿峴)에 있던 노적(奴賊) 4, 5백 명을 공격하여 죽였다고 하니, 조정에서 곧바로 심기원을 제도도원수(諸道都元帥)로 삼았다. 그런데 노적이 심기원을 뒤쫓자, 심기원은 도성을 그대로 버리고 도보로 달려서 도망쳐 광릉(光陵: 세조의 능)으로 가 양근(楊根)의 미원(迷源)에 들어갔다. 김자점(金自點) 또한 토산(兎山)으로부터 도망쳐 왔는데, 이로 말미암아 서로 만나서 난을 피하여 살기를 도모

하였으니 이루 다 주벌할 수 있겠는가.

○ 정축년(1637) 정월 2일 좌상(左相) 홍서봉(洪瑞鳳) 등이 오랑캐 진중(陣中)으로 가니, 오랑캐가 누런 종이에 쓴 것을 상 위에 올려놓고 좌상 이하(以下)에게 먼저 4번 절하는 예(禮)를 행하도록 하고 그 글을 받들어 돌아오게 하였다. 그 글에 이르기를, "대청 황제(大淸皇帝)는 조선국(朝鮮國)에 조칙(詔勅)을 내려 깨우치노라. 우리 군대가 지난해 동정(東征)에 나섰는데, 너희 나라가 맞받아치고 또 명나라 조정을 도와 우리나라를 괴롭히고 해롭게 하는지라 지금 짐(朕)이 친히 대군을 거느리고 왔거늘, 너희는 어찌하여 지모있고 용감한 자를 명에 따르도록 해 우리를 정벌하지도 않고 목을 움츠리고서 나오지도 않은 채로 아녀자가 안방 속에 있는 것과 똑같이 한단 말인가?"라고 운운하였다.

○ 이조 판서(吏曹判書) 최명길(崔鳴吉)이 답서(答書)를 지어 올렸는데, 그 답서에 이르기를, "조선 국왕은 대청 황제에게 글을 올립니다. 성에서 나오라는 명이 이르니 실제로 인자하게 감싸주는 뜻에서 나온 것이지만, 생각해 보건대 겹겹의 포위가 아직 풀리지 않은 데다 황제의 노여움이 한창 극에 달하였으니 여기에 있어도 죽을 것이고 성을 나가도 죽을 것이기 때문에 용려(龍旅: 龍旌의 오기. 사신의 깃발)를 우러러 보며 죽을 것을 각오하였습니다. 황제가 바야흐로 천지의 만물을 살리려는 마음이 있으면, 소방이 어찌 온전히 살려주는 대상에 마땅히 끼이지 못할 수가 있겠습니까?"라고 운운하였다.

○ 예조 판서(禮曹判書) 김상헌(金尙憲)이 그 글을 보고는 손으로 죄다 찢어버리고서 목놓아 통곡하다가 최명길(崔鳴吉)에게 일러 말

하기를, "대감은 어찌하여 차마 이와 같은 일을 한단 말이오?"라고 하니, 최명길이 빙그레 웃으며 말하기를, "대감은 찢었지만, 우리들은 마땅히 주워야만 합니다."라고 하고서 마침내 주워서 이어 붙였다. 병조 판서(兵曹判書) 이성구(李聖求)가 노하여 말하기를, "대감은 이제까지 화친을 배척하여 나랏일을 이 지경에 이르도록 하였으니, 대감이 오랑캐 진중(陣中)으로 가야 할 것이오."라고 하자, 김상헌이 말하기를, "만약 오랑캐 진중으로 보내진다면 죽을 곳을 얻은 것이니, 이는 대감의 덕이오."라고 하였다. 이에 임시 처소에서 나와 사람들을 만날 때마다 통곡하였는데, 이보다 앞서 음식까지 물리치고 스스로 반드시 죽기를 기약하였지만 오랑캐 진중으로 보내려는 의논이 있다는 소식을 듣고서야 비로소 음식을 먹었다.

○ 최명길(崔鳴吉)이 국서(國書)를 오랑캐에게 보냈으나 오랑캐가 받지 않았고, 다시 보내도 또 받지 않았다. 참찬(參贊) 한여직(韓汝稷)이 말하기를, "그 글자를 쓰지 않은 까닭에 오랑캐가 받지 않은 것이니, 그 한 글자가 진실로 골자(骨字)입니다. 지금 김상헌이 이미 나갔으니 급히 써서 보내는 것이 좋을 것이오."라고 하였는데, 이른바 그 글자란 바로 신(臣)이란 글자였다. 최명길이 이를 옳은 것으로 여겨서 답서에 곧 신(臣)이라 일컫고 폐하(陛下)라 일컬었다고 운운하였다.

○ 전 이조 참판(前吏曹參判) 정온(鄭蘊)이 상소하여 말하기를, "가만히 밖에서 떠들썩한 말을 들으니 어제 사신들이 노적의 진영(陣營)에 가서 신(臣)이라 칭하고 애걸한 것이 있었다고 하는데, 이 말이 진실로 정말입니까? 만약 과연 그런 일이 있었다면 필시 최명길의

말일 것인데, 최명길이 아뢰고 재가(裁可)를 얻어서 간 것인지 아니면 또한 사사로이 자신의 억측으로 결정하여 이와 같은 말이 있게 된 것인지 알지 못하겠습니다. 신(臣)은 이 말을 듣고 심장과 간담이 모두 찢어지고 목이 메어 소리가 나오지 않습니다. 그간의 국서(國書)가 모두 최명길의 손에서 나왔는데, 문장이 극히 비루하고 아첨하여 곧 일종의 항복 문서였습니다. 그러나 아직까지 신(臣)이라는 한 글자를 쓰지 않았으니 명분이 그래도 정해지지 않았습니다. 이제 만일 신(臣)이라 칭한다면 군신(君臣)의 분의(分義)가 이미 정해지는 셈입니다. 군신의 분의가 이미 정해지게 되면 오직 그들의 명에 따라야 할 것이온데, 저들이 만약 나와서 항복하라고 명하면 전하는 장차 나가서 항복할 것이며, 저들이 만약 북쪽으로 가자고 명하면 전하는 장차 북쪽으로 갈 것이며, 저들이 만약 옷을 바꿔 입고 술을 따르라 명하면 전하는 그 옷을 바꿔 입고서 술을 따를 것입니까? 따르지 않으면 저들은 반드시 군신의 분의로써 죄상을 성토할 것인데, 그렇게 되면 나라는 이미 망한 것입니다. 이 지경에 이르게 되면 전하는 어떻게 대처하시겠습니까? 예로부터 지금까지 천하의 국가가 어찌 길이 보존만 하고 망하지 않는 적이 있겠습니까만, 개나 양에게 무릎을 꿇고서 사는 것보다 바른 도리를 지키면서 사직(社稷)을 위하여 죽는 것이 낫지 않겠습니까? 하물며 부자와 군신이 성(城)을 등지고 한번 결전을 벌인다면 성을 보전할 수 있는 이치가 전혀 없지는 않은데야 말해 무엇하겠습니까. 우리나라가 중국 조정에 대해서는 고려 말기의 금원(金元: 금나라와 원나라) 관계와 같지 않은데, 부자의 은혜를 잊어버릴 수 있을 것이며 군신의 분의를 등질 수 있을 것입니까? 하늘에는 두 개의 해가 없는데 최명길은 그 해를 두 개로 만들려 하고, 백성에게는 두 임금이 없는데 최명길은 그 임금을 둘로 두려 하니, 이것들을 차마 할 수 있을진대 어느 것인들 차마 하지 못하겠습니까? 신(臣)은 몸이 병들고 힘이 약하여 비록 수판(手板: 笏)으로 내리칠 수는 없을지라도 그와 같은 자리에 있는 것을 받아들일 수 없습니다. 엎드려 바라건대 최명길의 말을 통렬히 배척하여 나라를 팔아먹은 죄를 바로잡으소서."라고 운운하였다.

○ 오랑캐가 척화(斥和)를 주장했던 신하들을 보내라고 매우 다그치니, 비국(備局: 비변사)의 신하들을 불러들여 만났을 때 홍익한(洪翼漢)을 척화신(斥和臣)의 우두머리로 삼고 그의 평양(平壤) 임지(任地)에서 호국(胡國)으로 압송하도록 하였다. 증산 현감(甑山縣監) 변대중(邊大中)을 시켜 차사(差使: 관아의 하인)를 정하여 압송해 가도록 했는데, 홍익한을 결박하여 구류하며 백방으로 곤욕스럽게 하였다. 조금이라도 사람의 마음이 있는 자였다면, 어찌 차마 이와 같은 짓을 할 수 있었겠는가.

교리(校理) 오달제(吳達濟)·수찬(修撰) 윤집(尹集)이 연명으로 상소하여 척화를 주장한 사람이라고 자수하였다. 참판(參判) 정온(鄭蘊) 또한 상소하여 말하기를, "임금의 욕됨이 이미 극에 달했으니 신(臣)이 죽는 것이야 마땅합니다. 신(臣)이 비록 사자(使者)를 참수하고 서신을 찢어버리기를 맨 먼저 청한 사람은 아닙니다만, 처음부터 끝까지 싸울 것을 주장하였으니 신(臣)에게도 실로 그러한 면이 있습니다. 청컨대 신(臣)을 보내어 오랑캐들의 요구에 응하도록 하소서." 라고 운운하였다.

홍익한이 의주(義州)에 도착하자, 부윤(府尹) 임경업(林慶業)이 친히 그의 결박을 풀어주고 그의 손을 잡은 채로 울며 말하기를, "그대는 천하의 대장부입니다."라고 하면서 자기의 갖옷을 벗어 입혀주고 행장(行裝)을 일일이 마련하여 보냈다.

김류(金瑬)·홍서봉(洪瑞鳳)·이홍주(李弘冑)가 입시(入侍: 임금을 알현함)하였는데, 김류가 김상헌·정온·오달제·윤집·윤황(尹煌)·김익희(金益熙)·정뇌경(鄭雷卿)·이행우(李行遇) 등 11명을 오랑캐 진영으로 내보내기를 청하였다. 오랑캐가 척화신으로서 홍익한 이외에 재차 보내는 사람이 없으면 강화(講和)할 수 없다고 하였으므로, 김류가 어떤 사람을 취하고 버리기가 곤란하여 뒤섞어서 청하였던 것이며, 주상(主上) 또한 그들을 보내도록 허락하였다.

대간(大諫: 대사간) 박황(朴璜: 朴潢의 오기)이 김류를 보고 말하기를, "몇 사람만으로도 책임을 면할 수 있을진대, 반드시 10여 명에 이를 정도로 많아야 하는 것은 아닙니다. 오달제와 윤집 또한 척화를 주장하였으니, 많이 보내기보다는 차라리 적게 보내는 것이 나을 것입니다."라고 하였다. 오달제와 윤집만 보낸 것은 박황의 말을 따른 것이다.

오달제와 윤집이 장차 오랑캐 진영으로 나가려 할 때 조금도 슬퍼하는 기색이 없었는데, 주상(主上)이 불러들여 보고 통곡하며 술을 따라 주면서 말하기를, "너희들의 부모와 처자는 내가 마땅히 돌볼 것이다."라고 하자, 오달제와 윤집 또한 눈물을 흘리며 절하고 사례하였다.

최명길이 데려가면서 오달제와 윤집에게 이르기를, "만일 내 말을 따르면 당연히 무사할 것이다."라고 하여 대개 노적(奴賊)에게 아첨하며 죄를 인정토록 하였으니, 자신의 당류(黨類)로 많이 끌어들이려는 말이었다. 오달제와 윤집이 아무런 대답을 하지 않고 오랑캐 진영에 도착하자, 최명길이 두 사람을 띠로써 결박지어 직접 바쳤는데, 칸(汗)이 최명길에게 초구(貂裘: 담비 가죽옷)를 하사하고 또 술을 따라 주었으니 귀순(歸順)하도록 한 것에 칭찬하고 장려한 뜻이었다.

오달제와 윤집을 잡아서 심문하여 말하기를, "너희는 어찌하여 양국의 맹약(盟約)을 깨려고 하느냐?"라고 하자, 오달제가 말하기를, "우리나라가 대명(大明)에 대해 신하로서 섬긴 지 300년이나 되었다. 단지 대명(大明)만 있는 줄은 알았지 청국(淸國)이 있는 것은 알지 못하였으니, 대간(臺諫)이 된 몸으로서 어찌 배척하지 않겠는가?"라고 하였으며, 윤집 또한 곧은 말을 하면서 조금도 아첨하며 굽히는 말이 없었다.

심양(瀋陽)으로 보내지게 되었는데, 윤집이 가는 도중에 오달제에게 이르기를, "곤욕을 다 겪고 오랑캐 땅에서 죽는 것이 어찌 우리나라 땅에서 죽는 것만 하겠는가?"라고 하니, 오달제가 말하기를, "옳지 않으외다. 사람이 이 세상에 태어나서 실로 한번은 죽음에 죽을 곳을 얻어 나의 절의를 밝히면 어찌 즐거운 일이 아니겠소? 어찌 반드시 필부의 하찮은 의리를 본받아야 하리이까?"라고 하자, 윤집 또한 미소를 지으며 고개를 끄덕였다.

홍서봉(洪瑞鳳)이 오랑캐 진영(陣營)으로 가니, 용골대(龍骨大)와 마부대(馬夫大)가 강도(江都: 강화도)에서 잡은 장릉(長陵: 인열왕후)의 수릉관(守陵官: 洪竇)을 내보여 주면서 종실(宗室) 진원군(珍原君: 李世完)이라고 하였다. 22일에 강도를 함락시키며 대군(大君) 형제(兄弟: 봉림대군과 인평대군) 및 숙의(淑儀: 인조의 후궁 나씨)·빈궁(嬪宮: 소현세자의 빈 강씨) 일행을 사로잡고서 통진(通津)에 도착하였는데, 대군의 수서(手書) 및 전 재상(前宰相) 윤방(尹昉)의 장계(狀啓)를 가지고 와 전해 주었다.

이날 밤에 대신들이 입대(入對)하여서 출성(出城: 항복)하는 것을 의논하여 정하였는데, 동양위(東陽尉) 신익성(申翊聖)이 주상(主上) 앞에서 칼을 뽑아 기둥을 치고 목이 메이도록 울며 말하기를, "청컨대 신의 목을 베소서. 이와 같이 한 뒤에 의논하여 정하소서."라고 운운하였다.

○출성(出城: 항복)하기로 의논이 이미 정해지자, 전 예조 판서(前禮曹判書) 김상헌(金尙憲)이 스스로 목을 매어 금방 죽게 되었는데, 나만갑(羅萬甲)이 이를 듣고서 달려 가보니 장차 숨이 끊어질 지경에 이르렀다. 나만갑이 손수 풀어 주며 목을 맨 물건들을 죄다 치우고 좌우의 사람들을 시켜 부축하게 하여서 죽음을 면할 수 있었다.

전 이조 판서(前吏曹判書) 정온(鄭蘊) 또한 죽기로 결심하고 시를 지어 옷의 띠에 매어 놓았으니, 이러하다.

세상살이 어찌 이리 험난한고 生世何險巇
한 달을 포위망 속에 있으니, 三旬月暈中
내 한 몸은 아까울 것 없다만 一身無足惜
나라의 운명 다함은 어찌할꼬. 千乘奈云窮

성 밖에는 근왕의 군사 끊기고 外絶覲王士
조정에는 나라 판 간흉 많으니, 朝多賣國凶
늙은 신하가 무슨 일을 하랴만 老臣何所事
허리춤에 찬 칼이 희디희구나. 腰下佩霜鋒

또 찬(贊)을 지었으니, 이러하다.

임금의 욕됨이 이미 극에 달했거늘 主辱已極
신하의 죽음이 어찌 이리 더디던가. 臣死何遲
하나의 칼날로 인을 얻을 것이라서 一釼得仁
죽음을 집으로 돌아가듯 여긴다네. 視死如歸

곧바로 차고 있던 칼로 배를 찔렀으나 다행히도 죽지 않았는데, 나만갑이 또 달려가서 보니 정온이 크게 웃으면서 말하기를, "옛사람들이 칼에 엎어져 죽는다고 하였는데, 엎어지면 오장(五臟)을 범하고 누우면 오장을 범하지 못하기 때문이거늘, 지금에서야 비로소 옛사람의 칼에 엎어진다는 뜻을 알겠다."라고 하면서 조금도 슬퍼하는 기색이 없었다.

○ 전 이조 판서(前吏曹判書) 정온(鄭蘊)이 상소하여 말하기를, "신(臣)이 자결(自決)하려던 것은 바로 전하가 겪고 있는 오늘의 일을 차마 볼 수 없어서였지만 한 가닥 실낱같은 살아남은 목숨이 3일이 지났어도 아직 붙어 있으니, 신(臣)은 실로 괴이하게 여깁니다. 최명길(崔鳴吉)이 이미 전하로 하여금 신(臣)이라 칭하고 성을 나가서 항복하게 하였으니, 군신(君臣)의 분의(分義)가 이미 정해졌습니다. 신하는 임금에 대해 그저 순순히 따르는 것만이 공손함이 아니니, 쟁론(爭論)해야 하는 것은 간쟁(諫爭)해야 하는 것입니다. 저들이 만약 황명(皇明)의 인장(印章)을 들이라고 요구하면 전하는 마땅히 간쟁하여 말하기를, '조종조(祖宗朝)에서 이 인장을 받아 사용한 것이 지금까지 거의 300년이다. 마땅히 명(明)나라 조정에 도로 돌려주어야 하는 것이지, 청국(淸國)에 넘겨줄 수는 없다.'라고 하고, 저들이 만약 천조(天朝: 명나라)를 공격할 군사를 요구하면 전하는 마땅히 간쟁하여 말하기를, '우리나라가 명나라에 실로 부자(父子)의 은혜가 있는 것은 청국 또한 알 것이다. 자식을 시켜 그 부모를 공격하게 함은 윤기(倫紀)에 관계 있으니 공격하는 자만이 죄가 있는 것이 아니고 공격하도록 교사한 자 또한 죄가 있다.'라고 하면, 비록 저들이 흉악하고 교활할지라도 또한 필시 양해할 것입니다. 삼가 바라건대 전하는 이 몇 가지로써 간쟁하여 천하 후세에 죄를 얻지 않도록 하소서." 라고 운운하였다.

○ 정월 30일, 주상과 세자가 남색 융복(藍色戎服)을 입고서 말을 타고 서문(西門)을 나섰다. 칸(汗)은 삼전포(三田浦: 三田渡)에 진(陣)

을 쳤는데, 9층 계단을 설치하고 누런 장막을 펴 놓아 군대의 위엄을 성대히 차렸다. 주상이 3번 고두배(叩頭拜: 엎드려 머리를 손등에 부딪치며 하는 절)하는 예를 행하자, 칸(汗)은 술과 음식을 차려놓고 군악을 울리며 주상에게 초구(貂裘: 담비 갖옷) 2벌을, 대신 및 승지에게 각기 1벌씩을 내리니, 주상이 그 중 1벌을 입고 뜰에서 사례하였다.

이날 주상이 경성(京城)으로 돌아왔는데, 또한 허숙의(許淑儀: 광해군의 후궁), 인평대군(獜坪大君: 麟坪大君의 오기)과 그 부인(夫人: 福川府夫人 동복 오씨)이 함께 입성하였지만, 동궁(東宮: 소현세장)과 빈궁(嬪宮: 강빈), 봉림대군(鳳林大君)과 그 부인(夫人: 豐安府夫人 덕수 장씨)은 장차 심양(瀋陽)으로 가야 했기 때문에 그대로 진중(陣中)에 남아 있었다.

주상이 3번 고두배하는 예를 행하려 했을 때 옷자락 부여잡고 눈물을 흘린 자는 오직 신익성(申翊聖) 한 사람뿐이었으며, 칸(汗)이 우리의 임금과 신하들에게 음식을 내렸을 때 마침 신하들이 허기가 져서 모두 먹지 않은 자가 없었으나 오직 먹지 않은 자는 또한 동양위(東陽尉) 신익성 한 사람뿐이었다.

○2월 1일에는 군대를 철수하였다. 2일에는 칸(汗)이 이에 귀국하였다. 3일에는 용골대(龍骨大)와 마부대(馬夫大) 및 정명수(鄭命壽)가 대궐에 오자, 영상(領相) 김류(金瑬)가 나아가 맞이하였다. 김류가 말하기를, "이제 우리 두 나라는 부자(父子)의 나라가 되었으니 무슨 말인들 따르지 않겠소? 이후로 가도(椵島)를 공격하고 남조(南朝: 명나라)를 공격할 때면 오직 명대로 따를 것이오." 운운하고, 이어서

정명수를 껴안으며 말하기를, "판사(判事)와는 한집안과 같으니, 판사가 청하는 바를 내가 어찌 따르지 않겠소? 첩녀(妾女: 서녀)가 속(贖) 바치고 돌아오는 일에 판사가 모름지기 온 힘을 기울여 애써 주시오." 라고 하자, 정명수가 그를 욕보이다가 옷을 뿌리치고 가버렸다. 대개 김류의 첩녀가 포로로 잡혀 있었던 까닭에 김류가 정명수에게 환심을 사려고 아첨한 것이 이와 같았는데, 오랑캐의 풍속에 허리를 껴안는 것이 친절하다고 여기기 때문이었다. 이성구가 빙그레 웃으며 정명수에게 이르기를, "내 아들이 오래지 않아 볼모로 심양(瀋陽)에 들여보내야 하니, 모쪼록 자식 같이 아껴주시오."라고 하였다. 문답하는 중에 정명수가 말하기를, "대감의 말이 입에서 나왔을 것인데, 도리어 내 항문에서 나온 것만 못합니다."라고 하였지만, 이성구는 수치스럽게 여기지 않았다.

대가(大駕)가 남한산성에서 나온 뒤로 김상헌(金尙憲)은 안동(安東)으로 돌아가고 정온(鄭蘊)은 안음(安陰)으로 돌아갔는데, 모두 대가를 수행하지 않은데다 모두 고하지도 않고 돌아갔는지라, 당시의 주화자(主和者)들이 그것을 비난하였다. 그 뒤에 류석(柳碩)·박계영(朴啓榮)이 장계(狀啓)를 올려 말하기를, "김상헌이 바야흐로 군부(君父)가 헤아리지 못할 위험에 빠졌을 때 몸을 빼내어 멀리 달아나 왕실을 돌아보지 아니한 채로 명예를 구하고 의(義)를 좇느라 임금을 업신여기고 부도덕하게 행동한 죄를 징계하지 않을 수 없습니다." 하였고, 이여익(李汝翊)·이도장(李道長)이 장계를 올려 말하기를, "정온이 제 몸을 찔러 죽지 않았으면 의리상 마땅히 와서 주상을 뵈어야 하는데,

뒤도 돌아보지 않고 고향으로 돌아가 누운 채로 군부(君父)를 생각지 않은 죄를 징계하지 않을 수 없습니다."라고 하였다. 인심(人心)과 세도(世道: 세상의 도의)가 어찌 이 지경에 이르렀단 말인가.

전 참의(前參議) 정홍명(鄭弘溟)이 전라도 창평(昌平)에서 의병을 일으켰는데, 공주(公州)에 이르러 하성(下城: 항복)했다는 소식을 듣고서 통곡하며 군대를 해산한 뒤 주상을 뵙고 돌아갔다. 택당(澤堂) 이식(李植)이 출성(出城: 항복)한 후에 또한 고하지 않고 달아나 영춘(永春)으로 들어갔는데, 이때 그의 늙은 어머니가 그곳에 피난해 있었다.

○주상이 남한산성으로 파천한 초기, 김경징(金慶徵)을 검찰사(檢察使)로 삼았으니 그의 아버지인 김류(金瑬)가 천거한 것이며, 이민구(李敏求)를 부사(副使)로 삼고, 장신(張紳)을 유수(留守) 겸 수주사(守舟師)로 삼아 강도(江都: 강화도)에 들어가서 지키게 하였다.

김경징이 강도에 들어갈 때, 그의 어머니 및 처자식은 각기 덮개 있는 가마에 태웠고 계집종들은 모두 전모(着剪: 지삿갓)를 썼으며 짐바리가 50여 바리나 되었으니, 경기도의 말과 인부를 거의 다 동원하였다. 한 계집종이 그녀가 탄 말의 발이 겹질려서 떨어졌는데, 김경징은 잘 보호하지 못한 것이라 여기고 경기도 배리(陪吏)를 길가에서 곤장을 치니, 이를 본 자들은 놀라 마지않았다. 부사 이민구·종사(從事) 홍명일(洪命一)과 함께 먼저 강도(江都: 강화도)에 들어갔다.

원임대신(原任大臣) 윤방(尹昉)이 묘사주(廟社主: 종묘사직의 위패)를 주관하였는데, 원임(原任) 김상용(金尙容) 등 40명과 함께 빈궁(嬪宮)·원손(元孫)·숙의(淑儀)·양 대군 부인(兩大君夫人)·부마(駙馬)·공주(公主)를 받들어 모두 강도에 들어갔다. 빈궁이 갑곶(甲串) 나루에 도착하였으나 건널 수가 없어서 이틀 밤낮에 걸쳐 언덕 위에 머물렀는데 3일 동안이나 추위에 떨고 굶주렸다. 검찰사(檢察使)의 배가 모두 건너편에 있어서 서로 다닐 수가 없자, 빈궁이 친히 큰소리로 말하기를, "경징아, 경징아! 어찌 차마 이런 짓을 한단 말인가?"라고 하였다. 장신이 이를 듣고 김경징에게 알려서 빈궁 이하를 간신히 구했으나, 그 나머지 사민(士民)으로 피난한 자는 한 사람도 건널 수 없었는데 노적(奴賊)들이 갑자기 들이닥쳐서 몰아내어 거의 살아남은 사람이라고는 없었다.

김경징은 통진(通津)과 김포(金浦)에 있는 국곡(國穀: 나라의 곡식)을 운반해 왔는데, 명목은 섬안에 있는 사람을 진휼하는 것이었지만 김경징의 친구나 일가 외에는 한 사람도 얻어 먹은 사람이 없었다. 김경징은 스스로 노적(奴賊)이 건너올 수 없을 것이라고 생각하여 날마다 이민구와 아침저녁으로 연회를 열어 즐기며 단지 술 마시는 것만 일삼느라 군부(君父)의 안위를 염려하지 않았다. 대신(大臣)이 혹여 무슨 말이라도 하는 바가 있으면 "피난 온 대신이 어찌 감히 지휘한단 말이오."라고 하였고, 대군(大君)이 혹여 무슨 말이라도 하는 바가 있으면 "이렇게 위태로워 어찌될지 모르는 지경에 대군이 어찌 간여할 수 있단 말입니까?"라고 하였으니, 이로써 대군 및 대신들이 감히 입을 떼지 못하였다.

별좌(別坐) 권순장(權順長)과 진사(進士) 김익겸(金益兼)·윤선거(尹宣擧)가 김경징·이민구에게 글을 올려 말하기를, "원수를 갚으려고 어려움을 참고 견딘다는 와신상담(臥薪嘗膽)을 해야 하는 것이 지금 해야 할 일이지, 술 마시기를 할 때가 아니다."라고 하니, 김경징이 더욱 노여워하였다.【협주: 상서는 윤선거가 지은 것이다.】권순장은 어찌 해 볼 수 없는 형편임을 알고 의병을 조직하여 성첩(城堞)을 각각 지켰는데, 이돈오(李惇吾: 李惇五의 오기)·이상길(李尙吉) 또한 성첩을 지키기로 함께 의논하고 각각 성문(城門)이 있는 곳을 분담하였다. 삼도(三道)의 수군 가운데 어느 한 사람도 온 자가 없었는데, 충청 수사(忠淸水使) 강진절(姜晉晢: 姜晉昕의 오기, 이하 동일)이 밤중에 구원하러 들어왔다.

정축년(1637) 정월 22일 통진수(通津守: 임시 수령 金頲)가 보고한 첩문(牒文)에 이르기를, "노적(奴賊)이 방금 강도(江都)로 향하였습니다."라고 하자, 김경징이 말하기를, "강의 얼음은 아직도 단단하거늘, 어찌 능히 배를 운행할 수 있단 말이냐?" 하고는, 군사들의 마음을 교란하려는 것으로 여기고 보고한 자의 목을 막 베려는 찰나에, 갑곶(甲串 : 강화도에 있는 마을) 나루의 파수(把守) 또한 이와 똑같이 보고하였다. 김경징은 비로소 놀라 어쩔 줄 모르다가 스스로 갑곶을 지키려는데 군사가 채 수백 명이 되지 않았다.

장신(張紳)은 주사 대장(舟師大將)이 되어 갑곶으로 향했는데, 강진절(姜晉晢: 姜晉昕의 오기)이 7척 배를 이끌고 와서 노적(奴賊)을 대적하며 힘껏 싸우느라 몸에 몇 대의 화살을 맞았다. 장신은 적을 보고 진격할 뜻이 없자, 강진절(姜晉晢: 姜晉昕의 오기)이 북을 치고 깃발을 흔들면서 장신에게 나와 싸우기를 독촉하였으나 장신은 끝내 전진하지 않았다. 강진절(姜晉晰: 姜晉昕의 오기)이 배 위에서 큰소리로 말하기를, "네가 나라의 두터운 은혜를 받고서 어찌 차마 이와 같은 짓을 할 수 있단 말이냐? 내가 장차 너의 목을 벨 것이다." 하였으나, 장신은 끝내 움직이지 않고 그대로 강물을 따라 내려갔다. 본읍(本邑: 강화도) 중군(中軍) 황선신(黃善身)이 초군(哨軍) 100여 명을 거느리고 힘껏 싸웠지만 죽었다. 김경징 또한 어찌할 수가 없음을 알고 배를 타고 달아났다.

배 위에서 힘껏 싸우며 충의(忠義)로 비분강개(悲憤慷慨)했던 자는 강진절(姜晉晰: 姜晉昕의 오기)과 같은 이가 없었으나, 전쟁이 끝난 후에 능히 제대로 잘 싸우지 못하여 노적(奴賊)이 강을 건너오도록 했다면서 마침내 주살 당했다. 장신은 집에서 스스로 목숨을 끊도록 하였으나 금오랑(金吾郎: 의금부 도사) 또한 와서 지켜보지도 않았으니, 사람들은 그가 살려고 도망쳤을 것으로 의심했다. 이경(李坰)·윤신지(尹新之)·유성증(兪省曾)은 모두 방어소에 있었는데, 노적(奴賊)이 들이닥치자 배를 타고 도망쳤으나 불과 탄핵을 받는데 그쳤을 뿐이다. 이민구의 죄상이 김경징과 같았는데도 김경징은 사사되었으나 이민구는 안치(安置: 유배지에서 거주의 제한을 가한 유배 형벌)되었으니, 나라에 공론(公論)이 있다고 이를 수 있겠는가.

○ 적군이 사방을 포위하자, 전 우상(前右相) 김상용(金尙容)은 일이 이미 틀린 것을 알고서 남문(南門)의 누각에 올라가 화약 상자를 움켜 잡고 불을 상자에 떨어뜨려 죽었다. 권순장(權順長)·김익겸(金益兼)

은 빙그레 미소지으며 김상용에게 이르기를, “대감은 홀로 좋은 일을 하시렵니까?”라고 하면서 그대로 함께 죽었다.

김상용의 첩손(妾孫: 서손)으로 13세 아이 김수전(金壽全), 노복(奴僕) 선승(善承), 권순장의 노복 의남(義男)이 곁에 있어서 손을 저어 쫓았으나 가지 않고 모두 같이 불타 죽었다.

권순장·김익겸과 함께 일을 같이했던 자는 윤선거(尹宣擧)였다. 권순장과 김익겸이 장차 죽으려 하자 윤선거는 자기 아내와 영원히 이별할 것이라 여기고, 자기 아내를 보자 친구들과 함께 죽어야겠다 생각했는데, 아내와 친구들 사이를 오가는 사이에 갑자기 죽음을 모면해야겠다는 구차한 꾀가 생겨서 이름을 선복(宣卜)이라 고치고 진원군(陳原君: 珍原君의 오기. 李世完) 사행(使行)의 하인이 되어 살아서 돌아갔다. 뒤에 그의 아들 윤증(尹拯)은 선인(先人: 先親 윤선거)이 애당초 죽을 만한 의리가 없다고 여겼으며, 또 이르기를, “권순장과 김익겸 두 사람은 헛된 죽음을 면치 못했다.”라고 하였다. 세도(世道)가 이 지경에 이르렀으니, 한심하여 견딜 수 있겠는가?

노적(奴賊)이 성밖에 이르러 강화(講和)하러 왔다면서 성문을 열라고 요구하니, 윤방(尹昉)이 묘사 제조(廟社提調)로서 성문을 열고 그들을 들였다. 노적이 성안에 들이닥쳐서 온 성을 도륙하며 종묘사직의 신주(神主)들을 시궁창에 던져 버리자, 윤방은 신주들을 수습하여 섬거적으로 싸서 복마(卜馬: 짐을 싣는 말)에 싣고는 계집종을 그 위에 올라타게 했는데, 전쟁이 끝난 뒤에 이것 때문에 출척(黜陟)되었다. 윤방의 아들 윤신지(尹新之)는 도위의 신분으로 방어소에 있었지만 능히 나라를 위해 죽지 못한 데다 또 그 아버지를 버리고 도망하였으니, 그 죄를 오히려 어떻게 말하겠는가? 유백증(兪伯曾)이 상소(上疏)하면서 단지 윤방·김경징(金慶徵)만 거론하고 윤신지에 대해서 언급하지 않은 것은 어째서인가.

도정(都正) 심현(沈誢)이 그의 아내에게 말하기를, "당신은 충신의 아내가 되고자 하오?"라고 하자, 그 아내가 말하기를, "바로 저의 뜻입니다."라고 하니, 그대로 같이 죽었는데, 품속에 지은 상소(上疏)가 들어 있었다. 그 상소문에 이르기를, "신(臣) 심현은 동쪽을 향해 백 번 절하고 남한산성에 계신 주상전하께 글을 올립니다. 신(臣)이 아내 송씨와 함께 같은 날에 자결하여 나라의 은혜를 보답코자 하옵니다."라고 하였다.

이시직(李時稷)이 찬문(贊文)을 지어 노복(奴僕)에게 부탁하며 자신의 아들에게 남겨 주게끔 하고 자결하였다. 그 찬문에 이르기를, "장강(長江)의 요해처가 함락되어 오랑캐 군대가 나는 듯 건너오니, 술 취한 장수는 겁먹어 욕되게도 살려고 임금을 배반하네. 의리상 구차하게 살 수는 없어 기꺼운 마음으로 자결하리니, 목숨을 버려 인(仁)을 이루는데 세상 부끄러울 것이 없도다."라고 하였다.

민성(閔垶)은 먼저 그의 아내를 죽인 다음 자결하였는데, 한 가문 내의 12명이 모두 죽었다.

민성은 이때를 당하여 그의 아내 우씨(禹氏)에게 말하기를, "그대는 사족(士族)이 아니니 떠나가도 좋소."라고 하자, 우씨는 태연하게 담소하고 밥을 지어 먹고서 말하기를, "주군(主君: 남편)이 저를 의심하시니, 저는 마땅히 주군 앞에서 자결하겠습니다."라고 하고는 그대로 자결하였다.

이가상(李嘉相)은 노적(奴賊)이 들이닥치자 그의 어머니를 숨기고 자신은 사로잡혔지만, 그의 아내가 그의 어머니를 업고 달아났다. 그러나 이가상은 그의 어머니가 병들어 마음대로 움직이지 못하여 반드시 노적에게 죽었으리라고 생각한 뒤, 오랑캐의 칼날을 무릅쓰고 도망쳐 되돌아 와서 그의 어머니를 찾았지만 어머니가 있지 않았다. 병든 어머니가 살아 있을 리가 만무하니 차마 혼자 살 수가 없어서 곧바로 글을 지어 승려에게 주면서 그의 아버지와 형에게 전하여 반드시 죽은 뜻을 알려 달라고 하고는 노적의 진영을 왕래하며 그의 어머니 시신을 찾아 헤매가 끝내 살해 당하기에 이르렀다.

홍수인(洪睟寅: 홍익한의 아들)은 노적이 칼로 자신의 어머니를 치려하자, 자신의 몸으로 가려 보호하려다가 적의 칼날을 맞아 죽었다. 이순오(李淳吾: 李惇五의 오기)·이상길(李尙吉)·송시영(宋時榮) 또한 모두 자결하였다. 윤계(尹棨: 윤집의 형)는 남양(南陽)을 지키다가 순절하였다.

○ 권순장(權順長)의 아내 이씨(李氏: 李久源의 딸)는 자기의 지아비가 죽은 뒤에 먼저 세 딸을 죽이고 스스로 목을 매어 죽었으며, 홍수인(洪守寅)의 아내는 자기의 지아비가 적군에게 죽는 것을 보고 지아비의 시체 곁에서 스스로 목을 찔러 죽었으며, 김반(金槃)·이소한(李昭

漢)·정백창(鄭百昌)·홍명일(洪命一)·이일상(李一相)의 아내는 모두 절개를 지켜 죽었다. 그 당시 아녀자들이 세운 절개를 이루 다 기록할 수가 없다.【협주: 나의 고조 할머니 이씨 또한 갑곶에서 순절하였다.】

김류(金瑬)·이성구(李聖求)·김경징(金慶徵)·여이징(呂爾徵)·한흥일(韓興一)·윤선거(尹宣擧)의 아내 또한 모두 절개를 지켜 죽었다. 그들의 지아비는 혹 오랑캐에게 아첨하거나 혹 노적(奴賊)에게 항복하거나 혹 임금을 배반하고 도망가거나 혹 노비로 가장하여 살아 돌아오기도 하였는데, 그 아내는 아녀자로서 능히 한 목숨을 바쳤으니 그 지아비된 자들은 능히 자기의 아내에게 부끄럽지 않은가.

김류·이성구는 화의(和議)를 힘써 주장하더니 말경에 종처럼 비굴한 얼굴로 오랑캐에게 아첨하였으며, 김경징은 성(城: 강화도)이 함락된 후에 그의 어머니와 아내를 버리고 도주하였다. 한흥일·여이징은 오랑캐가 들이닥치자 새 옷으로 갈아입으면서 말하기를, "처음으로 타국 사람을 보는데 몸가짐을 단정하게 하지 않을 수 없다."라고 하더니, 스스로 먼저 들어가 노적(奴賊)에게 절하고 말하기를, "강석기(姜碩期: 인조의 장인) 또한 이곳에 있습니다." 하였는데, 강석기를 불러들여 자기네의 행적들을 흐리게 하려고 한 것이었다. 하지만 강석기가 걷지 못한다고 핑계하고 오래되어도 나아가지 않자, 노적이 마침내 버려두고 갔다. 윤선거는 아내와 친구들에게 죽기로 약속하였는데, 아내와 친구들이 모두 죽었으나 홀로 죽지 않고 미복 차림의 하인이 되어 살아 돌아왔다.

부녀자로 사로잡힌 사람들은 한둘이 아니었다. 그러나 이민구(李敏求)의 아내와 두 며느리의 일은 사람들이 모두 침 뱉고 욕을 하였다.【협주: 이때 '푸른 나귀 한번 채찍질하니 두 귀엔 바람이 이네.'라는 시가 있었다.】이민구는 그의 아내가 가산(嘉山)에서 절개를 지켜 죽은 것으로 여기고 묘지명(墓誌銘)을 지어 훌륭함을 칭찬하며 동양위(東陽尉) 신익성(申翊聖)에게 글씨를 청하였으니, 이를 들은 사람들이 모두 비웃었다.

그 뒤에 아내와 첩이 속환(贖還)된 자들은 예전처럼 함께 살지 않음이 없었으나, 장유(張維)만은 절개를 잃은 여자와 부부로서 짝이 되게 할 수 없다고 생각하였다. 그래서 그의 아들 장선징(張善徵)의 아내가 속환된 후에 상소를 하여 다시 장가 들 수 있기를 청하자, 최명길(崔鳴吉)이 장계(狀啓)를 올려 말하기를, "이와 같이 하면 원한을 품은 여자들이 반드시 많아질 것이니 염려하지 않을 수 없다."라고 하고서, 마침내 방계(防啓 : 임금에게 알리지 못하도록 함)하였다.

칸(汗: 홍타이지)이 돌아간 뒤에 송덕비(頌德碑)를 삼전포(三田浦)에 세웠는데, 이경석(李景奭)이 글을 짓고 오준(吳峻: 吳竣의 오기)이 글을 쓰고 여이징(呂爾徵)이 전(篆)하였다. 그 비명(碑銘)에 이르기를, "천자가 동정(東征)할 때, 그 군사가 백만이었어라. 죄가 있으면 그 죄를 벌하고, 죄를 알면 처벌을 기다리게 했네."라고 하였다. 청나라 사람들 가운데 더러 이의가 있었으므로 고쳐서 세우게 하였다.【계곡(谿谷) 장유(張維)·택당(澤堂) 이식(李植) 또한 모두 비문을 지었으나 적합하지 않아 쓰지 않았고, 이경석의 비문을 썼다고 한다.】

대가(大駕)가 경성(京城)으로 돌아온 뒤에 남한산성(南漢山城)에서 호종(扈從)했던 신하들이 모두 상을 받고 품계까지 높여졌는데, 전 판서(前判書) 김상헌(金尙憲)이 상소하여 말하기를, "대가(大駕)가 남한산성에 머물렀을 때, 집정자들과 대신들은 다투어 출성(出城: 항복)하시기를 권하였지만 신(臣)은 감히 죽기로써 지켜야 한다는 의리로 망령되게도 탑전(榻前)에 아뢰었으니, 신의 첫 번째 죄이옵니다. 오랑캐에게 항복하는 문서의 문장을 차마 볼 수가 없어서 손으로 그 초안을 찢어 버리고 묘당(廟堂)에서 통곡하였으니, 신의 두 번째 죄이옵니다. 양궁(兩宮 : 인조와 세자)께서 친히 노적(奴賊)의 진영에 나아가는데, 신이 말 앞에서 머리를 부숴서라도 막지 못한 데다 병으로 또 대가를 따라가지 못했으니, 신의 세 번째 죄이옵니다. 신은 이 3가지 죄를 짓고서도 오히려 형벌을 면하고 있는데, 어찌 감히 처음부터 끝까지 임금의 말고삐를 잡고 돌아온 여러 신하들과 함께 똑같이 은전(恩典)을 입을 수 있겠사옵니까? 오호라! 한때 강요된 화친의 맹약을 믿지 마시고 지난날 명나라의 크나큰 덕을 잊지 마시며, 호랑이나 이리같이 사납고 무자비한 자들의 인(仁)을 너무 믿지 마시고 부모와 같은 명나라의 은혜를 가벼이 단절하지 마셔야 하옵니다. 선왕(先王 : 선조)께서 천자에게 올린 글에 쓴 '만절필동(萬折必東 : 강물은 만 번 굽이쳐 흘러가도 반드시 동으로 흘러들어간다.)'이란 말을 생각할 때마다 저도 모르게 감격하여 눈물이 옷깃을 적시나이다."라고 운운하였다.

홍익한(洪翼漢)이 심양(瀋陽)에 도착하자, 칸(汗: 홍타이지)이 그를 불러들여 척화(斥和)한 연유를 문초하니, 홍익한은 옷이 벗겨져도

벌거벗고 서서 항거하여 말하면서 굽히지 않고 문자를 써서 보이며 말하기를, "온 세상 사람들이 모두 형제는 될 수 있어도 부자의 의리는 가질 수 없다. 금국(金國)이 맹약을 어기고 황제(皇帝)라 칭하니, 만약 과연 맹약을 어긴다면 이것은 형제가 서로 어그러짐이요, 만약 과연 황제라고 칭한다면 이것은 천자(天子)가 둘 있게 되는 것이다. 한집안에 어찌 서로 어그러진 형제가 있을 수 있으며, 하늘과 땅 사이에 어찌 두 천자가 있을 수 있겠는가. 금국(金國)은 조선(朝鮮)에 대하여 새로 교린(交隣: 우호)의 맹약을 맺은 바 있고, 대명(大明: 명나라)은 조선에 대하여 오랫동안 보살펴 준 은혜가 있는데, 깊이 맺어진 오랜 은혜를 저버리고 너희들이 먼저 저버린 빈 언약을 지키는 것은 이치에 매우 옳지 않고 사리에도 매우 부당하다. 그러므로 앞장서서 이 척화(斥和)의 논의를 세워서 예의를 지키고자 한 것은 신하의 직분일 뿐이다. 비록 죽임을 당할지라도 진실로 마음에 달게 여기는 바이니, 혼이 하늘을 날아가서 고국에 돌아가 노닌다면 시원하고 시원하겠다. 오직 빨리 죽기만 바란다."라고 운운하였다. 오달제·윤집 두 학사와 같은 날에 죽었다. 나중에 허적(許積)이 삼학사(三學士)를 두고 이르기를, 일 벌이기를 좋아하여 명예를 낚은 무리라고 하였으니, 세도(世道: 세상의 도의)에 대한 우려가 어찌 크지 않겠는가.

노적(奴賊)이 자국으로 돌아갈 때에 공유덕(孔有德)·경중명(耿仲明)을 남겨 두고 우리나라와 합세하여 가도(椵島)를 공격하게 하였는데, 우리나라는 류림(柳琳)을 주장(主將)으로 삼고 임경업(林慶業)을 부장(副將)으로 삼아 공격하였다. 섬이 험하여 공격하기가 어렵자

임경업에게 책략을 물으니, 임경업이 계책을 세우고 노적(奴賊)이 그 계책을 써서 섬을 함락시켰다. 임경업이 섬을 공략한 공으로 노적의 관작을 받았다고 하는데, 임경업이고서 그저 이와 같이 했는지는 알 수 없다. 그 섬에 들어갔을 때는 우리나라 사람들이 한인(漢人: 명나라 사람)을 죽이거나 약탈한 것이 오랑캐 군사보다도 심하였다. 오호라! 사람이고서 사람의 마음이 없음이 어찌 이에 이르렀단 말인가. 도독(都督) 심세괴(沈世魁)가 휘하의 군사를 이끌고 산에 올라가자, 노적(奴賊)이 꾀어 이르기를, "만약 항복하면 응당 부귀할 것이다."라고 하니, 심세괴가 말하기를, "당당한 대명(大明)의 신하가 어찌 개와 양에게 항복하겠느냐?"라고 하면서 마침내 힘껏 싸우다가 죽었다.

기묘년(1639) 노적(奴賊)이 군대를 돕도록 명하고 천조(天朝: 명나라)를 공격하였는데, 임경업(林慶業)을 상장(上將)으로 삼고 이완(李浣)을 부장(副將)으로 삼아 보냈다. 판서(判書) 김상헌(金尙憲)이 상소하여 말하기를, "삼가 듣건대 조정에서 북사(北使)의 말을 따르려고 장차 5,000명의 군사를 동원하여 심양(瀋陽)을 도와 대명(大明)을 침범한다고 하였습니다. 신(臣)이 이를 듣고 놀랍고 의심스러워 마음이 안정되지 않았습니다. 무릇 신하가 군주에 대해서 따라야 할 것이 있고 따를 수 없는 것이 있습니다. 응당 국가가 위세가 약해진데다 힘이 고갈되어 눈앞의 위협에서 우선 살길을 강구한 계책이라고는 하겠지만, 전하가 난리를 다스리고 바른 데로 다시 되돌리려는 뜻으로 온갖 어려움과 괴로움을 참고 견딘 지 이제 3년이 지나서 머지않아

치욕을 씻고 원수를 갚을 날을 손꼽으며 우러러 바라고 있는데, 어찌 뜻을 날이 가면 갈수록 더욱 심하게 일마다 굽히고 따라서 심지어 이르지 못하는 곳이 없단 말입니까? 예로부터 죽지 않는 사람도 없고 또한 망하지 않는 나라도 없으니, 죽고 망하는 것은 참을 수 있어도 역리(逆理)를 따르는 것은 할 수 없는 것입니다. 전하에게 아뢰는 자가 있어서 말하기를, '어떤 사람이 원수를 도와서 부모를 치려 합니다.'라고 하면, 전하는 반드시 유사(有司)에게 명을 내려 죄를 다스리도록 할 것입니다. 그 사람이 아무리 뛰어난 말로 스스로 해명한다고 할지라도 반드시 왕법(王法)을 가할 것이니, 이것이야말로 천하의 통용되는 도리입니다. 아무리 이해득실만으로 논한다고 할지라도 단지 강포한 이웃의 하루아침과 같은 찰나적 난폭함만 두려워하고 천자의 군대를 동원한 징벌을 두려워하지 않는 것은 원대한 계책이 아닙니다. 국경 관문의 여러 곳에 주둔해 있는 군사들과 해상에 떠 있는 누선(樓船: 망루가 있는 큰배)의 수졸(水卒)들은 비록 오랑캐를 쓸어내고 강토를 수복하기에 부족할지라도, 우리나라가 병드는 것을 금(禁)하기에는 넉넉합니다. 만약 우리나라가 호랑이에게 물려 죽었으면서도 호랑이 앞에서 그 앞잡이 구실을 한다는 창귀(倀鬼)처럼 하는 것을 듣는다면 죄를 문책하려는 군대가 곧바로 해서(海西) 지방에 당도할 것이니, 두려워할 만한 것이 유독 심양(瀋陽)에만 있다고 말하지 말아야 합니다. 사람들이 모두 말하기를, '저들의 세력이 바야흐로 강하니 거스르면 반드시 화가 있을 것이다.'라고 합니다만, 신(臣)의 생각으로는 명분과 대의가 지극히 중하니 범하면 반드시 재앙이 있으리라고 여깁니다. 대의를 저버리고 끝내 위험해져 멸망하기를 면하지 못할 바에는 차라리 정도(正道)를 지켜서 하늘의 명을 기다리는 것이 낫지 않겠습니까? 지금 만약 의리를 버리고 은혜를 잊고서 차마 이처럼 군사를 동원한다면, 설령 천하 후세의 의논은 돌아보지 않는다 하더라도, 장차 어떻게 저승에서 선왕(先王)을 뵐 것이며 또한 어떻게 신하들에게 국가에 충성을 다하라고 하겠습니까."라고 운운하였다.

○ 임경업(林慶業)·이완(李浣)이 군사를 이끌고 심양(瀋陽)에 달려가서는 천조(天朝: 명나라)와 내통하여 노적(奴賊)을 공격하기로 은밀히 모의하였는데, 접전할 때마다 화살촉을 빼고 활을 쏘다가 노적에게 발각되었으니, 임경업은 노적의 진중(陣中)에 구금되었고 이완은 멀리 있는 유배지로 내보내졌다. 포수(砲手) 이사룡(李士龍)은 성주(星州)의 토병(土兵)이었다가 임경업의 부하 군졸이 되었는데, 탄환을 넣지 않고 발포하였으니 오랑캐가 그것을 알아차리고 목에다 칼을 겨누었다. 이사룡이 꼼짝하지 않아서 오랑캐가 풀어주었는데도, 이사룡이 다시 이와 같이 하는 것이 세 번이나 되자 오랑캐가 노하여 죽였는데, 이사룡은 노적을 꾸짖으면서 굽히지 않다가 죽었다. 천장(天將: 명나라 장수) 조대수(祖大壽)가 첩보(牒報)를 통해 그것을 알고 깃발 위에 큰 글씨로 써서 걸어 보였으니, "조선 의사 이사룡(朝鮮義士李士龍)."이라고 하였다.

임경업(林慶業)·이완(李浣)이 수군을 거느리고 등주(登州)에 이르러 밀사(密使)로 수영 잘하는 사람을 보내 천조(天朝: 명나라)의 도독(都督: 陳洪範) 군문(軍門)에 자신들의 뜻을 알리도록 하였다. 천조에서 봉한 서찰 1통을 주어 밀사를 돌려보냈는데, 임진년(1592) 동정(東征: 명나라의 구원군이 조선에 와서 왜적을 토벌한 일)한 은혜를 갖추어 말하며 또 눈앞에 닥친 중조(中朝: 명나라)의 위험하고 절박한 형세를 말하고 게다가 이르기를, 만약 노적(奴賊)을 묶어서 온다면 천하를 나누어 만호후(萬戶侯)에 봉하겠다고 운운하였다. 임경업이 눈물을 흘리며 크게 탄식하고는 장차 무기를 거두어 바른 길(명나라가 승리토록 하는 길)로 돌아가도록 하고자 하니, 이완은 화(禍)가 우리 조정에 끼칠 것이라며 만류하였다. 그러나 멀리 천병(天兵: 명나라 군대)을 보고서 먼저 대포를 쏘고 군대를 지휘하여 천병으로 하여금 알아차리고 피하도록 하였다. 또 화살촉을 빼고 활을 쏘자 오랑캐가 노하여 힐책하니, 임경업은 조목조목 따지며 대답하고 나서 하늘을 향해 맹세하였다. 이완은 다만 통박만 하고 맹세하지 않자 오랑캐가 또 그것을 힐책하니, 이완이 정색하여 말하기를, "사대부는 그러한 짓을 하지 않는다."라고 하였다. 이완은 풀려나 고국으로 돌아왔지만 원산(元山)으로 유배를 가서 10년 동안 밭을 일구었으며, 임경업은 오랑캐 진중(陣中)에 구류되어 있다가 나중에 고국으로 돌아왔으나 김자점(金自點)이 임금의 명령인 척하며 은밀히 그를 죽이고 말았다. 이완은 효종이 즉위하자, 장수로 부름을 받고 돌아와서 송시열(宋時烈)과 비밀리에 원수를 갚으려는 대의(大義)를 도모하였다. 기해년(1659)에 효종(孝宗)이 세상을 떠나서 일이 마침내 중지되고 말았다. 오호라, 슬프고 원통하다.

정뇌경(鄭雷卿)은 춘방(春坊: 세자시강원)의 관원으로서 〈소현세자(昭顯世子)를 수행하여〉 심양(瀋陽)에 있었는데, 그때 우리나라에서 생리(生梨: 생배)와 홍시(紅柿) 등의 물품을 공물로 칸(汗: 홍타이지)에게 보내자, 정명수(鄭命壽)가 그 물품의 문서를 임의로 고쳐서 반으로 줄여 나머지를 차지하였다. 정뇌경은 이 일로 인하여 정명수를 제거하고자 하였고, 또 사서(司書) 김종일(金宗一)·포로 한인(漢人: 명나라 사람 (沈哥)과 서로 같은 마음으로 약속을 하고 용골대(龍骨大)와 마부대(馬夫大)를 모두 죽이고자 하였다. 일이 발각되어, 용골대와 마부대가 노하여 먼저 한인(漢人: 명나라 사람)을 죽였고, 또한 우리나라를 힐책하였다. 주상(主上)이 사신을 보내어 잘 변호해 구하려고 하였는데, 상신(相臣) 최명길(崔鳴吉)이 말하기를, "이와 같이 구하려고 하면 그들의 노여움을 더 살 것이므로, 먼저 사사(賜死)하라고 하는 것보다 더 나은 것이 없습니다."라고 하자, 그대로 정뇌경을 사사하였으며, 김종일은 잡혀와서 멀리 유배되었다.

대개 박로(朴簬)는 이전부터 오랑캐의 진중(陣中)에 사자(使者)로 다녔는데, 용골대·마부대 및 정명수와 형제 사이를 맺었고 심지어 서로의 처자식들을 볼 정도였으니 아주 친했음을 알 수 있다. 박로가 심양(瀋陽)으로 들어가서 정뇌경과 같은 객관(客館)에 거처하였는데, 정뇌경이 박로의 행실이 거친 것을 보고 마음으로 비루하게 여겨 그와 더불어 한자리에 앉지 않았다. 이때에 이르러 정뇌경이 죽은 것은 바로 박로가 사주한 것이다.

○ 최효일(崔孝一)은 의주(義州)의 품관(品官)이었다. 정축년(1637)

이후로 분격개탄하여 스스로 폐인(廢人)처럼 두문불출하였는데, 부윤(府尹) 황일호(黃一皓)가 그 뜻을 가상히 여겨 그를 대우하는 것이 매우 후하였다. 어느날 갑자기 그는 논밭과 집 등 가산(家産)을 죄다 팔아서 바다를 건너 달아나 황조(皇朝: 명나라)로 들어가 버렸다. 정명수(鄭命壽)란 자는 본디 선천(宣川) 사람이면서도 이 사실을 듣고 알게 되자, 오랑캐에게 거짓으로 최효일의 편지인 양 쓰도록 사주하여 그의 생질로 의주에 사는 자에게 부치니, 그 생질의 답장은 한글 편지로 이런저런 내용을 갖추어 이야기하고 또 말하기를, "황부윤(黃府尹: 황일호) 또한 탄복하여 우리 집을 위로하고 구휼해 줍니다."라고 운운하였다. 오랑캐가 이 편지를 보고서 노하여 차사(差使)를 내보내어 황일호를 사로잡게 했는데, 최효일과 인척되는 이름이 언서(諺書: 한글 편지)에 있는 자들도 모조리 잡혀왔다. 우상(右相) 강석기(姜碩期)는 절도(絶島: 외딴 섬)에 안치(安置: 함부로 옮기지 못하도록 주거 제한하는 형벌)하려 했으며, 영상(領相) 이성구(李聖求)는 극력 간쟁하다가 법률에 의거하여 참형에 처하려 하였으며, 홍서봉(洪瑞鳳)은 비밀리에 장계를 올려서 변호하여 구하려 했으나 또한 뜻대로 되지 않았다. 이성구는 정명수에게 아부하여 실제로 주관하였으니, 정명수가 남별궁(南別宮)에 앉아서 최려(崔旅)·장후건(張厚建: 張厚健의 오기인 듯) 등 11명을 참하였고 또 황일호도 죽였다. 인조(仁祖)가 황일호의 죽음을 더욱 참기 어려워서 비밀리 천금(千金)을 주어 그 화를 완화코자 하였으나 끝내 뜻대로 되지 않았다. 황일호의 죽음에 임박하여 그의 벗 이덕수(李德洙)가 황일호의 자

(字)를 부르며 말하기를, “평소 나라 위해 목숨 바치고자 하더니만 지금 헛되이 죽으니 참으로 참혹하네.”라고 하자, 황일호가 빙그레 웃으며 말하기를, “내가 비록 헛되이 죽을지라도 오히려 그대들이 살고 있는 것보다 낫네.”라고 운운하였다.

최일효(崔一孝: 崔孝一의 오기)·차예량(車禮亮)·차충량(車忠亮)·차맹윤(車孟允)·차원철(車元轍)·장후건(張厚建: 張厚健의 오기)·안극성(安克誠), 이들은 만상(灣上: 의주)의 7의사(七義士)로 황일호(黃一皓)와 같이 모의한 자들이다. 최일효(崔一孝: 崔孝一의 오기)는 몰래 남경(南京)으로 갔으나 이 일이 이루어지지 않을 줄 알고 그대로 망명하여 의종(毅宗: 명나라 마지막 황제)의 능(陵) 아래에 숨어서 7일간 먹지 않아 피를 토하고 죽었다. 차예량은 비밀리 심양(瀋陽)에 사자(使者)로 갔다가 일이 누설되어 오랑캐에 사로잡히고 말아서 대바늘로 열 손가락이 찔렸으나 끝끝내 굴복하지 않고 노적을 꾸짖으며 죽었다. 차충량은 차예량의 사촌 동생이고, 차맹윤은 차충량과 차예량의 족질(族姪)인데, 의주(義州)에서 같이 화를 입었다. 차원철은 차충량의 아들로 나이가 17세였는데, 이때 우리 조정의 차관(差官)이 형관(刑官: 형벌 담당 관원)이어서 그를 구하여 살려주려는 뜻이 있어 그에게 묻기를, “너의 성과 이름이 원철(元轍)이냐?”라고 운운하니, 답하기를, “남아가 죽으면 죽었지, 어찌 성과 이름을 바꾸어 살겠습니까? 저의 성은 차(車)요, 이름은 원철입니다.”라고 말하며 그대로 의주에서 죽었다. 장후건(張厚建: 張厚健의 오기)은 최효일의 생질로 정명수(鄭命壽)가 비밀리 최효일에게 편지를 쓰도록 한 자였으니 남별궁(南別宮) 아래에서 죽었다. 안극성(安克誠: 安克諴의 오기)은 네

명의 차씨(車氏: 차예량·차충량·차맹윤·차원철)와 같이 의주에서 죽었다. 최려(崔旅)는 최효일의 종숙(從叔: 5촌 아저씨)이다.

최명길(崔鳴吉)·이성구(李聖求)가 심양(瀋陽)에 이르자, 용호(龍胡: 용골대)가 묻기를, "귀국에 사양(斜陽)이라는 자가 있어 대청(大淸) 연호를 사용하지 않으며, 하성(下城: 항복)하던 날에 대가(大駕)를 수행하지도 않았고 또한 직첩(職牒)을 받지도 않았다고 하는데 그러한가?"라고 하였는데, 사양은 김상헌(金尙憲)을 가리키는 것으로서 오랑캐 말로 이와 같았다. 신득연(申得淵: 이때 도승지)이 만상(灣上: 義州)에 이르렀다가 용호(龍胡)의 질책을 받고 정명수(鄭命壽)에게 살길을 애걸하니, 정명수가 말하기를, "만약 도리에 어긋난 척화(斥和)를 주장한 자를 말한다면 살길을 얻을 수 있을 것이오."라고 하자, 신득연은 김상헌과 조한영(曺漢英)을 써서 보여주었다. 용호(龍胡)가 이 말을 듣고서 비국(備局)에 들어오도록 하라고 재촉해 관자(關子: 공문서)가 안동(安東)에 도착하자, 김상헌은 즉시 길을 떠났으니 언어와 행동거지가 한결같이 평소 그대로였다. 경성(京城)에 이르자, 주상(主上)이 초구(貂裘: 담비 모피 갖옷) 및 행자(行資: 노자)를 하사하며 말하기를, "잘 개진하여 그들의 노여움을 풀도록 하라." 하였다. 길을 떠나 용만(龍灣)에 이르러 포의(布衣: 베옷)와 조관(皀冠: 검은 관)을 입고 쓰고서 다른 사람에게 업혀 들어갔고, 들어가서는 벌떡 누웠거늘 오랑캐들도 또한 질책하지 않았다. 용호(龍胡)가 묻기를, "국왕이 하성(下城: 항복)하던 날에 홀로 청국(淸國)을 섬길 수 없다면서 호종하지 않았는데, 이는 무슨 뜻인가?"라고 하니, 답하기를, "늙고 병들어서 따라갈 수가 없었을 뿐이다."라고 하였다. 또 말하기를, "관직(官職)과 작위(爵位)를 받지 않은 것은 무엇 때문인가?"라고 하니, 답하기를, "나라에서 늙고 병들었다고 하여 관직을 제수하지 않았다."라고 하였다. 또 말하기를, "주사(舟師: 수군)을 청했을 때 어찌하여 저지하였는가?"라고 하니, 답하기를, "나는 나의 뜻을 지켜 나의 임금에게 고했으나 나라에서 나의 말을 쓰지 않았던 것이지만, 자질구레한 말이 어찌하여 타국에까지 전해졌단 말인가?"라고 하였다. 또 말하기를, "어찌하여 타국이라 이르는가?"라고 하니, 답하기를, "각각 경계가 있는데, 어찌 타국이라 이르지 않을 수 있단 말인가?"라고 하였다. 오랑캐들이 달리 노한 기색이 없이 말하기를, "이 사람의 응답이 매우 시원하니, 가장 감당하기 어려운 노인이다."라고 하였다. 별도로 차사(差使)를 정하여 호위하도록 하고 또 가마에 태워서 심양(瀋陽)에 들어오게 하였다. 한결같이 만상(灣上: 의주)에서 문답할 때와 같이 하였으니, 나갈 때는 반드시 사람에게 업혔으며 들어가서는 반드시 벌떡 누웠지만 오랑캐들이 꾸짖고 금하게 하지 않았다. 나갈 때 만약 험한 길이라도 만나면 오랑캐 장수가 말에서 내려 김상헌이 타고 있는 가마를 부축하여 끌어주었으니, 추악한 오랑캐도 존경함이 이와 같았다.

뒤에 동양위(東陽尉) 신익성(申翊聖)은 그의 동생 동강(東江) 신익전(申翊全)과 함께 또한 척화론자(斥和論者)로서 잡혀 심양에 갇혀 있다가 돌아왔다.

정축년(1637) 이후 주상(主上)이 비밀리에 한두 대신(大臣: 최명길과 정태화)들과 의논하여 우리나라의 중국 조정에 대한 본심 및 병자호란 후의 상황을 다 진술한 서한(書翰)을 지어서 바닷길로 몰래 중국 조정에 보냈는데, 서한이 들어가자 명나라 천자가 크게 포상을 내리고 등래(登萊)의 군문(軍門)에서도 또한 차사(差使)를 보내어 사례하였다. 뒤에 청국에게 발각되었지만 평안 감사(平安監司) 정태화(鄭太和)가 잘 말하여 해결되어서 마침내 아무런 일이 없었다.

○ 최명길(崔鳴吉)이 전후에 걸쳐 나라를 팔아먹은 죄는 주벌(誅罰)을 면할 수 없지만, 몰래 독보(獨步: 승려)를 보낸 일과 서한(書翰)을 지어 비밀리 보낸 일은 최명길이 실제로 주선한 것이니 그 전의 죄를 혹여 조금 용서라도 할 수 있을런가? 안성(安城: 平城의 오기. 평산) 신경진(申景禛)이 최상(崔相: 최명길)과 모의하여 승려 독보를 구하고 몰래 천조(天朝: 명나라)에 들여보내어 정축년에 형세가 궁하고 힘이 꺾여서 마지못해 어쩔 수 없었던 상황을 갖추어 아뢰게 하였는데, 독보가 답글을 받아서 돌아왔다. 그 회계(回啓)에 이르기를, "귀국의 한 가닥 괴로운 사정은 하늘과 사람이 같이 알고 있는 바라 곧 황제에게 주달(奏達)하였더니, 멀리 떨어진 변방을 측은하게 생각함이 매우 간절하였다. 귀국이 대대로 절개를 지키며 순종한 공로는 없어질 수 없을진대, 비록 잠시 시국의 형편에 내몰려 오랑캐에게 곤욕을 당하고 있으나 중국 조정의 문무(文武) 관원들이 바야흐로 이를 갈며 진념(軫念)하고 있으니 어찌 다시 차마 임시방편 계략의 허물을 책할 수 있겠는가? 전혀 그렇지 않을 것이니, 안

심하고 협력하여 나중에라도 충성을 다하라. 현왕(賢王)이 영특하고 총명한 자질을 지니고서도 불운한 시운을 만나서 문헌으로 이름난 나라가 끝내 견양(犬羊: 하찮은 이민족)에게 물린 바가 되어 오랑캐의 말들이 걷잡을 수 없이 날뛰며 속국(屬國)을 차츰차츰 잠식하는데도 우리가 군대를 정돈하여 쳐부수고 멸하지 못하였으니, 이것 또한 귀 번방(藩邦)의 겁수(刦數: 재앙이 낀 운수)이다. 장래에 더불어 은밀히 의논하기를 바란다."라고 운운하였다.

○오호라! 갑신년(1644) 3월에 오랑캐가 마침내 남조(南朝)에 쳐들어가니, 의종 황제(毅宗皇帝: 명나라 마지막 황제)가 사직(社稷)과 함께 순신(殉身: 자살)하였다.【협주: 19일이었다.】

효종(孝宗)이 왕위에 올라 급히 설욕하고자 유신(儒臣) 송시열(宋時烈)과 밤낮으로 비밀리 도모하였으나, 뜻했던 사업을 이루지 못하고 중도에 승하(昇遐)하였으니, 하늘이여! 천고토록 뜻있는 선비들이 애통해 하였다.

숙종(肅宗) 갑신년(1704) 대보단(大報壇)을 금원(禁苑: 궁궐 안의 후원)에 설치하고 황제를 제사하였다. 송시열 또한 한 칸의 초가집에서 소왕(昭王)을 제사지냈다는 의리로 신종(神宗)·의종(毅宗) 두 황제를 청주(淸州)의 화양동(華陽洞)에서 제사지냈다. 뒤에 정신(廷臣: 조정의 신하)들이 주상(主上)에게 아뢰어 사당을 세웠으니, 만동묘(萬東廟)라 하였다.

근래에 보건대 우리 동지 선비들이 중국에 관한 일을 잘 아는 자는 많았지만 우리나라에 관한 일을 분명히 이야기하는 자는 적었다. 대개 먼 곳에는 힘쓰고 가까운 곳에는 소홀히 한 병폐였다. 점점 후대로 이를수록 시비(是非)의 분간, 사정(邪正)의 분변이 더러 세상에서 밝혀지지 않은 채로 지어지는데, 역사가들은 어찌할 바를 모르면서도 택한다. 그러므로 나는 이렇게 되는 것이 두려워서 간략하게나마 붕당(朋黨)의 분열, 사화(士禍)의 시작, 임진왜란과 정유재란의 발발을 기록하고, 이름하기를 아아(我我)라 하였다. '못난 내가 어찌 감히 나를 알아주는 것도 나를 죄주는 것도 《춘추(春秋)》라는 뜻에 견주겠는가? 귀신이 그 위에 있을지니 어찌 감히 속이겠는가?'라는 경계를 나는 사양하지 않을 것이다. 훗날의 사씨(史氏)들은 사람 때문에 내쳐야 한다는 말을 말지어다.

설하거사(雪下居士) 남기제(南紀濟) 지음.

병자사략

丙子事略

원문과 주석

丙子事略

萬曆[1]己未，經略楊鎬[2]，分四路兵，擊兒奴哈赤[3]，敗績[4]，潘崇顔[5]·竇永澄[6]等，死之。都督劉綎[7]，率我國之衆，擊之，綎及孫一

---

1 萬曆(만력): 중국 명나라 제13대 황제인 萬曆帝 神宗 연호(1573~1620).

2 楊鎬(양호, ?~1629): 명나라 말기의 장군. 1597년 정유재란 때 經略朝鮮軍務使가 되어 참전했다. 다음 해 울산에서 벌어진 島山城 전투에서 크게 패해 병사 2만을 잃었다. 이를 승리로 보고했다가 탄로나 거의 죽을 뻔하다가 대신들의 도움으로 목숨을 구하고 파직되었다. 1610년 遼東을 선무하는 일로 재기했지만 곧 사직하고 돌아갔다. 1618년 명나라 조정에서 그가 요동 방면의 지리를 잘 안다고 하여 兵部左侍郎겸 僉都御史로 임명해 요동을 경략하게 했다. 다음 해 四路의 군사들을 이끌고 後金을 공격했지만 대패하고, 杜松과 馬林, 劉綎 등의 三路가 함락되고, 겨우 李如栢의 군대만 남아 귀환했다. 그는 투옥되어 사형 선고를 받고 1629년 처형되었다.

3 兒奴哈赤(아노합적): 奴兒哈赤(1559~1626)의 오기. 奴爾哈齊로도 표기. 누르하치(Nurhachi). 여진을 통일하고 1616년 후금을 세워 칸(汗)으로 즉위하였으며, 명나라와의 크고 작은 전쟁에서 여러 번 대승을 거두어 청나라 건국의 초석을 다졌다. 그가 병사한 후 아들 홍타이지가 국호를 대청으로 고치고 청나라 제국을 선포했다. 조선에서 누르하치를 奴酋로 슈르하치(šurgaci, 舒爾哈齊 또는 速兒哈赤, 1564~1611)를 小酋로 불러 두 사람에게 추장이라는 칭호를 붙인 셈이다.

4 敗績(패적): 자기 나라에 패전을 일컫는 말. 대패하여 종래의 공적을 상실한다는 뜻이다.

5 潘崇顔(반숭안): 潘宗顔(1582~1619)의 오기. 명나라 말기의 장수. 어려서부터 독서하기를 좋아하여 시를 읊조리고 賦를 지었으며 천문학과 병법까지 통하였다. 1613년 진사가 되었고, 그 후에 산동성 안찰사 첨사가 되었으며, 사르후 전투에서 전사하였다.

琦[8]·劉松[9]等，幷死。我國將金應河[10]，力戰亦死，天子詔贈遼東伯。元帥姜弘立[11]，與金景瑞[12]，降虜而叛[13]。【景瑞，後潛爲日記，欲

6 竇永澄(두영징, ?~1619): 명나라 말기의 장수. 사르후 전투에서 명나라 좌익북로군 유격장으로 참전하였다가 전사하였다.

7 劉綎(유정, 1558~1619): 명나라 말기의 장군. 본명은 龔綎이다. 임진왜란 때는 부총병으로 조선에 와서 휴전 중에도 계속 머물렀고, 정유재란에서는 총병으로 승진해 西路軍의 대장이 되어 순천 曳橋싸움에서 고니시 유키나가를 공격했지만 저지당하였다. 그 후 播州土官 楊應龍의 반란을 진압하는데 공을 세웠다. 120근짜리 鑌鐵刀를 썼다고 해서 劉大刀로 불렸으며, 黑虎將軍으로 존칭되었다고 한다. 1619년 조선 ·명나라 연합군이 후금군과의 富車 전투에서 전사하였다.

8 孫一琦(손일기): 喬一琦(1571~1619)의 오기. 명나라 神宗 때의 武臣. 劉綎과 함께 조선의 임진왜란에 참전하였다. 1603년 무과에 합격했으며, 遼東 廣寧衛 守備로 승진하고, 1617년 遼東鎭江 遊擊으로 승진하여 1619년 阿布達哩岡에서도 後金軍과 싸우다가 패하자 자살했다.

9 劉松(유송): 杜松(?~1619)의 오기. 명나라 말기의 武將. 용감하고 전투에 능하여 변방의 민족들이 그를 '杜太師'라고 불렀다. 명나라 大將 杜桐의 아우이다. 萬曆 연간(1573~1620)에 舍人으로 從軍하여 공을 세워 寧夏守備가 되었다. 1594년에 延綏參將이 되었다. 그 후에 都督僉事, 山海關 總兵 등을 지냈다. 1619년 심하전투에서 戰功을 탐하여 네 방향으로 진격하기로 한 약속을 깨고 하루 먼저 출발하였다가 후금군의 역습에 걸려 전멸하고 전사하였다.

10 金應河(김응하, 1580~1619): 본관은 安東. 자는 景義. 시호는 忠武. 1604년 무과에 급제하였다. 선전관, 경원 판관, 三守 군수, 北虞候를 지냈다. 1618년 建州衛의 後金을 치기 위해 명나라에서 원병을 요청하자, 도원수 강홍립을 따라 부원수 金景瑞의 휘하에 左營將이 되어 출전했다. 명나라 劉綎이 군사 3만 명을 거느리고 富車에서 패하여 자결하자, 3천 명의 휘하군사로 수만 명의 후금군을 맞아 싸우다가 중과부적으로 패하고 그도 전사하였다. 1620년 명나라 神宗이 그 보답으로 遼東伯으로 追封하고, 처자에게는 銀을 하사하였다.

11 姜弘立(강홍립, 1560~1627): 본관은 晉州. 자는 君信. 호는 耐村. 참판 紳의 아들. 1589년 진사가 되고, 1597년 알성 문과에 급제, 說書·檢閱 등을 거쳐, 1605년 도원수 韓浚謙의 從事官이 되었다. 이해 陳奏使의 서장관으로 명나라에

送本國, 爲弘立告發, 被害於賊奴.】甲子, 李适[14]之亂, 其黨韓明璉[15]

다녀왔다. 1608년 輔德이 되고, 이듬해 漢城府右尹·함경도 병마절도사를 거쳐 1614년 巡檢使를 지내면서 함경도 일대 군비를 점검하였다. 그의 공적이 인정되어 1618년에는 晉寧君에 봉해졌다. 1618년 명나라가 後金을 토벌할 때, 명의 요청으로 조선에서 구원병을 보내게 되었다. 이에 조선은 강홍립을 五道都元帥로 삼아 13,000명의 군사를 거느리고 출정하도록 했다. 그러나 조선과 명나라 연합군이 富車에서 대패하자, 강홍립은 조선군의 출병이 부득이하게 이루어진 사실을 통고한 후 군사를 이끌고 후금에 항복하였다. 이는 현지에서의 형세를 보아 향배를 정하라는 광해군의 밀명에 따른 것이었다. 투항한 이듬해 후금에 억류된 조선 포로들은 석방되어 귀국하였으나, 강홍립은 부원수 金景瑞 등 10여 명과 함께 계속 억류되었다. 1627년 정묘호란 때 귀국, 江華에서의 和議를 주선한 후 국내에 머물게 되었으나, 逆臣으로 몰려 관직을 빼앗겼다가 죽은 후 복관되었다.

12 金景瑞(김경서, 1564~1624): 본관은 金海, 자는 聖甫, 초명은 應瑞. 무과에 급제하여 1588년 監察이 되었으나, 집안이 미천한 탓으로 파직되었다. 1592년 임진왜란 때 다시 기용, 평양 방위전에서 守灘將으로서 대동강을 건너려는 적을 막은 공으로 평안도 방어사가 되었다. 이듬해 명나라 李如松의 군대와 함께 평양성을 탈환하였으나, 1594년 경상도 방어사로 전직되었다. 이때 도적이 횡행하자 도원수 權慄의 명으로 도적을 소탕하고, 그 공으로 1595년 경상우도 병마절도사에 승진되었다. 군관 李弘發을 부산에 잠입시켜 적정을 살피게 하고, 일본 간첩 要時羅를 매수하여 정보를 수집하기도 하였다. 1609년 정주 목사를 지내고 滿浦鎭 첨절제사로 나갔다가, 1614년에 北路 방어사가 되었다. 그 뒤 명나라가 후금을 치기 위하여 원병요청을 하자, 평안도 병마절도사 겸 부원수로서 원수 강홍립과 함께 구원병을 이끌고 출전했다. 그러나 富車에서 패전한 뒤 포로가 되었다가 몰래 敵情을 기록하여 조선에 보내려 했으나 강홍립의 고발에 의해 사형되었다.

13 叛(반): 문맥상 反의 오기인 듯.

14 李适(이괄, 1587~1624): 본관은 固城, 자는 白圭. 선조 때 무과에 급제한 뒤 형조 좌랑·태안 군수를 지냈다. 1622년 함경북도 병마절도사에 임명되어 임지로 떠나기 전, 평소 친분이 있던 申景裕의 권유로 광해군을 축출하고 새 왕을 추대하는 계획에 가담해 1623년 3월의 인조반정 때 큰 공을 세웠다. 1623년 포도대장을 지낸 뒤 평안병사 겸 부원수에 임명되었다. 평안도 영변에 출진해 군사 훈련에 힘쓰는 한편 그 지방의 城柵을 보수해 진의 방비를 엄히 하였다. 1624년 1월

誅, 其子沇[16]逃入奴穴, 以爲我國, 盡殺弘立一門, 誑誘[17]弘立。於丁卯, 弘立誘賊入寇, 夜襲義州[18], 府尹李莞[19]·判官崔夢亮[20]被

아들 李栴이 韓明璉·奇自獻·玄楫·李時言 등과 함께 반역을 꾀한다는 무고를 받았다. 이로 인하여 영변의 군영에 금부도사가 당도하자 무능하고 의심 많은 공신들에 대한 적개심이 폭발, 난을 일으켰다. 1만 2000의 군사를 거느리고 탁월한 작전으로 서울로 진격하자 仁祖는 公州로 피란하고 이괄은 서울을 점령하고 興安君 瑅를 왕으로 추대했다. 그러나 서울에 입성한 지 이틀 뒤 張晩의 관군에 참패, 利川)로 도망했으나 부하 장수 奇益獻 등에게 목이 잘려 난은 평정되었다.

15 韓明璉(한명련, ?~1624): 황해도 文化(信川) 출생. 1592년 임진왜란이 일어나자 영남지방에서 적과 싸워 공을 세우고, 1594년 경상우도 別將이 되어 진지를 修築하고 군대를 훈련시켰다. 1597년 정유재란 때 도원수 權慄의 휘하에서 충청도 방어사와 합세, 공주에서 싸우다가 부상하여 왕이 보낸 內醫에게 치료를 받았고, 羊皮를 하사받았다. 1598년 재차 권율 휘하에서 의병장 鄭起龍과 합세, 경상우도에 있던 적군을 격파, 명나라 제독 麻貴의 특별 천거로 五衛將이 되고, 방어사를 거쳐 1623년 龜城巡邊使가 되었다. 이듬해 李适의 난에 가담했다는 혐의로 잡혀 압송 도중 이괄에게 구출되어 반란군에 가담, 관군을 각지에서 패주시켰다. 서울을 점령했으나, 길마재[鞍峴]싸움에서 선봉장으로 싸워 패배, 이괄과 함께 달아났다가 伊川에서 부하의 배반으로 살해되었다. 임진왜란 때부터의 명장으로, 여러 전투에서 큰 공을 세웠으나 무고로 처벌받게 되자 반란군에 가담하였다고 한다.

16 沇(연): 潤의 오기. 韓潤(생몰년 미상). 조선 仁祖 때의 반역자. 아버지 韓明璉이 李适과 함께 1624년에 반란을 일으켰다가 살해되자 탈출하여 龜城에 숨었다. 이듬해 정부군의 추적을 당하자 後金의 建州로 도망하여 망명하였고, 1627년 후금 군대에 편입되어 조선을 침공하였다. 화의가 성립한 후에도 조선의 위법 사실을 들어 再侵을 주장하였다. 그 때 조선에서는 그를 가리켜 '한적(韓賊)'이라 하였다.

17 誑誘(광유): 남을 속여서 꾀어냄.

18 義州(의주): 평안북도 북서부에 있는 고을. 동쪽은 삭주군과 천마군, 남쪽은 피현군, 서쪽은 신의주시에 접하고, 북쪽은 압록강을 국경으로 중국의 滿洲와 마주한다.

19 李莞(이완, 1579~1627): 본관은 德水, 자는 悅甫. 1592년 임진왜란 때 이순신 휘하에서 종군하였고, 1598년 露梁 해전에서 이순신이 전사하자 그 사실을 공

殺。賊陷安州[21], 兵使南以興[22]·牧使金俊[23], 自焚死, 上避江都[24],

표하지 않고 督戰하여 대승을 거두었다. 1599년 무과에 급제, 1618년 평양 중군이 되었고, 1623년 충청도 병마절도사에 올랐다. 1624년 호현에서 결집하여 이천으로 도망치는 李适의 난군을 평정한 공으로 嘉善大夫에 올랐다. 義州 부윤 때 명나라 毛文龍과 사이가 좋지 못하였다. 1627년 정묘호란 때에 후금의 병력이 의주를 공격해오자 성을 지키기 위해 싸우다가 사촌동생인 李藎과 함께 焚死하였다.

20 崔夢亮(최몽량, 1579~1627): 본관은 慶州, 자는 啓明. 1612년 진사시에 합격하였고, 1617년 알성 문과에 급제하였다. 이어 승정원에서 注書 등을 역임하다가 1624년 李适의 난 때 공주로 몽진하는 왕을 호종하여 그 공으로 병조낭관에 올랐고, 1625년 의주판관이 되었다. 1627년 정묘호란이 일어나자 鍾峴에서 적을 맞아 싸웠다. 이때 姜弘立이 적을 선도하는 것을 보고 크게 질책하였으나 중과부족으로 포로가 되었다. 청나라 장수가 항복을 권유하였으나 거절하고 아우와 아들과 함께 죽임을 당하였다.

21 安州(안주): 평안남도 북서쪽 끝에 있는 고을. 淸川江 하류 남안에 자리잡고 있으며, 동쪽은 개천군·순천군, 서쪽은 황해, 남쪽은 평원군, 북쪽은 청천강을 경계로 평북 박천군·영변군과 접한다.

22 南以興(남이흥, 1576~1627): 본관은 宜寧, 자는 士豪, 호는 城隱. 1602년 무과에 급제했다. 이어서 선전관을 거쳐 부총관, 포도대장, 충청·경상도병마절도사, 구성부사, 안주목사, 평안도병마절도사 등을 역임했다. 장만의 휘하에 부원수 겸 평안병사로 좌천되어 영변에 머무르고 있던 李适이 난을 일으키자, 남이흥은 장만의 지휘 아래 중군을 이끌고 싸워 많은 무공을 세웠다. 이어 평안도병마절도사로서 영변부사를 겸하여 국경 방어의 임무를 맡고 있던 중, 1627년 정묘호란이 일어나자 안주성에 나가 후금군을 저지하려 하였다. 이때 후금의 주력부대 3만여 명이 의주를 돌파하고 凌漢山城을 함락한 뒤 안주성에 이르렀다. 이에 목사 金浚, 虞候 朴命龍, 강계부사 李尙安 등을 독려하여 용전하다가 무기가 떨어져 성이 함락되자, 그는 "조정에서 나로 하여금 마음대로 군사를 훈련하고 기를 수 없게 하였는데, 강한 적을 대적하게 되었으니 죽는 것은 내 직책이나, 다만 그것이 한이로다."라고 하며 성에 불을 지르고 뛰어들어 죽었다.

23 金俊(김준): 金浚(1582~1627)의 오기. 본관은 彦陽, 자는 澄彦. 1605년 무과에 급제, 部長을 거쳐 선전관이 되고, 이어 喬桐縣監을 지냈다. 1623년 인조반정으로

世子[25]分朝[26]全州[27]。送弘立三寸姜絪[28]及其妻子[29]於陣前, 弘立

都總府都事가 되고, 經歷을 거쳐 죽산부사로 나갔다. 1624년 이괄의 난 때 後營將으로 임진강 상류에 있는 永平山城을 수비했고, 난이 평정된 뒤 의주부윤을 거쳐 안주목사 겸 방어사가 되었다. 정묘호란 때 안주성을 사수하다 성이 함락되자 처자와 함께 분신하여 자결하였다.

24 江都(강도): 江華島. 경기도 강화군 서해안에 있는 큰 섬. 나라가 위급해지고 풍운이 몰아칠 때마다 호국의 숨결이 가빴던 곳이다. 강화도는 몽골의 침입과 병인·신미양요에 이르기까지 수많은 전란을 겪은 역사유적이 산재해 있는 곳이다. 또한 외국의 문물이 강화도 바닷길을 통해 육지로 드나들던 관문이기도 했다.

25 世子(세자): 조선시대 제16대 仁祖와 仁烈王后 한씨의 장남인 왕자 李溰. 곧 昭顯世子(1612~1645)이다. 1625년 세자에 책봉되고, 1627년 정묘호란 때에는 전주로 내려가 남도의 민심을 수습했으며, 그 해에 參議 姜碩期의 딸 愍懷嬪과 혼인하였다. 李元翼·張維 등을 賓師(세자시강원의 1품관)로 맞아 왕자의 덕을 닦았다. 1636년 병자호란 때 강화도로 옮겨 청나라에 항전하려 했으나, 청군의 빠른 남하로 인조와 함께 남한산성으로 들어가 항전하다가 중과부적으로 삼三田渡에서 굴욕적인 항복을 하였다. 그 뒤 자진하여 鳳林大君 및 주전파 宰臣들과 같이 인질로 瀋陽에 갔다. 심양에 9년 동안 있으면서 1642년 3월과 1644년 정월에 두 차례 본국을 다녀가기도 하였다. 심양에서 단순한 質子가 아니라 大使 이상의 외교관 소임을 하였다.

26 分朝(분조): 위급한 때를 당하여 조정이 피란할 때, 임금과 세자가 따로 피란하여 세자가 거느리는 조정. 정묘호란 때는 후금에게 郭山의 능한산성을 빼앗기자 이미 조정에서 파천에 대한 논의가 시작되었다.

27 全州(전주): 전라북도 중부에 있는 고을. 주변은 대부분이 완주군에 둘러싸여 있으며, 서남쪽의 일부가 김제시와 접한다.

28 姜絪(강인, 1555~1634): 본관은 晉州, 자는 仁卿, 호는 是庵. 우의정 姜紳의 아들. 姜弘立의 숙부. 여러 고을의 수령을 지낸 뒤 1594년 공조 좌랑이 되었고, 이듬해 永柔縣令이 되었으며, 1602년 宣川郡守에 올랐다. 임진왜란 때 왕을 호종한 공으로 1604년 扈聖功臣 3등에 녹훈되고, 晉昌君에 봉해졌다. 1605년 홍주목사가 되고 1610년 상주목사를 역임했다. 1627년 정묘호란 때는 回答使로 적진에 내왕하여 적정을 비밀리에 탐색하며 협상을 벌였다. 그 후 한성부좌윤, 한성부우윤을 역임하였다. 일찍이 선천군수로 있을 때 30여리의 관개 수로를

知其宗黨之其俱存, 始生悔意。虜亦爲弘立所誘而來, 春夏之間, 遼水[30]大漲, 進退維谷, 出送姜弘立及其所妾胡奴之女, 講和而歸。主和者, 參判崔鳴吉[31]也, 斥和者, 大諫尹煌[32]也。

쌓는데, 백성들이 이것을 '姜公堤'라 불렀다.

29 妻子(처자): 妾子의 오기인 듯. 姜璹을 가리킨다. 趙慶男의《續雜錄》권에 의하면 강홍립의 庶子로 나오며, 그에게 당상관을 주고 의식을 갖추어 들여보내어 후히 돌봐 주는 뜻을 표했다고 하였다.

30 遼水(요수): 韋皐 동쪽에서 나오며 동남쪽 渤海로 모이며 遼陽으로 들어가는 강.

31 崔鳴吉(최명길, 1586~1647): 본관은 全州, 자는 子謙, 호는 遲川·滄浪. 李恒福과 申欽에게 배웠다. 1605년 생원시와 증광시 문과에 연이어 급제하였고, 승문원을 거쳐 성균관 전적이 되었다. 1611년 공조 좌랑과 병조 좌랑을 거쳤다. 1614년 유생이 사사로이 明使와 접촉하는 것을 방치하였다는 탄핵을 받아 투옥되고 삭탈관직 당하였다. 1623년 인조반정에 참여한 반정공신이다. 1627년 정묘호란 때는 후금과 화의를 성사시켰으나, 수도로부터의 피난 종용, 임진강 수비 포기, 화의 주장 등의 이유로 끊임없이 탄핵을 받았다. 또 인조의 친아버지에 대한 대우 문제를 둘러싸고 홍문관의 배척을 받다가 경기도관찰사로 나갔다. 1636년 병자호란 때 이조판서로서 강화를 주관하였는데, 항복 문서의 초안을 최명길이 작성하였는데, 예조 판서 金尙憲은 문서를 찢고 통곡하였다고 한다. 그럼에도 난중의 일처리로 인조의 깊은 신임을 받음으로써 병자호란 이후에 영의정까지 오르는 등 대명, 대청 외교를 맡고 개혁을 추진하면서 국정을 주도했다. 명과의 비공식적 외교관계가 발각되어 1643년 청나라에 끌려가 수감되기도 했다. 1645년에 귀국하였고 1647년에 사망하였다.

32 尹煌(윤황, 1571~1639): 본관은 坡平, 자는 德耀, 호는 八松. 1597년 알성 문과에 급제해 承文院權知正字에 임명되었다. 1599년 주서로 입시한 뒤 군자감 첨정·성균관전적을 거쳐, 1601년에 감찰이 되었으며 곧 정언으로 옮겼다. 이후 병조·예조의 좌랑, 예조 정랑을 거쳐 북청 판관으로 나갔다. 1626년 사간·보덕 등을 역임했으며, 이듬해 정묘호란이 일어나자 主和를 반대해 李貴·崔鳴吉 등 주화론자의 유배를 청하고, 降將은 참할 것을 주장하였다. 그런데 주화는 항복이라고 했다가 왕의 노여움을 사 삭탈관직되어 유배의 명을 받았으나 삼사의 구원으로 화를 면하였다. 1628년 다시 사간이 되었고 길주목사·안변부사·사성·승지·대사

○己巳, 上國, 以熊廷弼[33]代鎬, 鎬庾死[34]獄中。是年[35], 兒奴兒哈赤, 僭號[36]後金國汗, 衣黃稱朕, 陷瀋陽·遼東[37]。朝廷, 以袁崇煥[38], 代熊廷弼, 大破奴酋, 盡沒其軍, 兒奴哈赤憤恚, 疽發背而

성 등을 거쳐 1635년 대사간에 이르렀다. 1636년 병자호란이 일어나자 정묘호란 때와 같이 척화를 주장하다가, 집의 蔡裕後, 부제학 全湜의 탄핵을 받았다. 영동군에 유배되었다가 병으로 풀려 나와 죽었다.

33 熊廷弼(웅정필, 1569~1625): 중국 명나라 말기의 장군. 자는 飛百, 호는 芝岡. 1619년 심하전투에서 楊鎬가 이끈 명나라 군이 대패하자, 명나라 조정은 양호를 파면하고 熊廷弼을 大理寺丞 겸 河南道御史로 임명하여 파견했다. 遼東經略으로서 성을 보수하고 병력을 기르고 군량미를 확충하여 1620년 누르하치가 瀋陽을 쳐들어왔지만, 이를 물리쳤다. 그러나 1622년 王化貞이 그의 전략을 무시하고 후금을 공격하였다가 크게 패하자 廣寧을 포기하고 山海關으로 퇴각하였으며, 그 책임을 뒤집어쓰고 1625년 억울하게 처형되었다.

34 庾死(유사): 瘐死의 오기. 죄수가 옥중에서 병사하는 것을 이르는 말.

35 是年(시년): 문맥상 前是의 오기인 듯.

36 僭號(참호): 자기의 신분에 넘치는 칭호를 자칭함.

37 陷瀋陽遼東(함심양요동): 1621년 심양을 함락하고 명나라의 遼東都司가 설치되어 있는 遼陽을 팔기군이 점령하였는데, 이때 누르하치는 허투알라에서 요양으로 수도를 옮겼음.

38 袁崇煥(원숭환, 1584~1630): 明나라 말기의 장군. 1622년 御使 侯恂에게 군사적 재능을 인정받아 兵部의 職方司 主事가 되었다. 당시 明나라는 王化貞이 이끄는 군대가 후금에 크게 패하여 만주의 지배권을 후금에 완전히 빼앗겼다. 후금은 遼陽과 廣寧을 점령하고 山海關을 넘보고 있어 北京도 위기감에 휩싸여 있었다. 이러한 상황에서 袁崇煥은 홀로 遼東 지역을 정찰하고 돌아와서는 스스로 山海關의 방위를 지원했다. 그는 兵備檢事로 임명되어 山海關으로 파견되었다. 당시 明軍은 山海關의 방어에만 모든 힘을 기울이고 있었다. 하지만 원숭환은 山海關 북쪽에 성을 쌓아야 효과적으로 방어를 할 수 있다고 보고, 寧遠城(지금의 遼寧興城)을 改築할 것을 조정에 건의했다. 그리고 1623년부터 1624년까지 영원성을 10m의 높이로 새로 쌓았고, 포르투갈 상인들에게 구입하여 '紅夷砲'라고 불리는 최신식 대포를 배치하였다. 1626년 누르하치가 遼河를 건너 영원성을 공격해

死。庚午，奴賊入寇，以崇煥不能防禦，磔殺[39]之。是年，兒奴哈赤第三子弘他時[40]立。壬申，仁穆王后[41]之喪，胡將[42]稱以吊祭，來探國情，掌令洪翼漢[43]·館儒尹宣擧[44]，上疏請斬虜使，胡將聞而逃

왔으나, 원숭환은 우월한 화력을 바탕으로 후금의 군대를 물리쳤다. 明은 1618년 이후 후금에게 계속 패전만 거듭해 왔는데 원숭환이 비로소 승리를 거둔 것이다. 이 전투를 '寧遠大捷'이라고 하며, 그 공으로 원숭환은 兵部侍郎 겸 遼東巡撫로 승진하였다. 1627년에는 영원성과 錦州城에서 후금의 太宗 홍타이지[皇太極, 1592~1643]의 공격도 물리쳤는데, 이는 '寧錦大捷'이라고 부른다. 이처럼, 후금의 침략에 맞서 遼東 방어에 공을 세웠지만 1630년 謀反의 누명을 쓰고 처형되었다.

39 磔殺(책살): 기둥에 묶어 세우고 창으로 찔러 죽임.

40 弘他時(홍타시): 洪太時 또는 皇太極(Hongtaiji, 1592~1643). 누르하치의 여덟째아들. 1626년 태조가 죽자 後金國의 칸[汗]으로 즉위하고 이듬해 天聰이라 改元하였다. 1635년 내몽골을 평정하여 大元傳國의 옥새를 얻은 것을 계기로 국호를 大淸이라 고치고, 崇德이라 개원하였다. 1636년에는 명나라를 숭상하고 청나라에 복종하지 않는 조선을 침공하였으며, 중국 본토에도 종종 침입하였으나, 중국 진출의 꿈을 이루지 못한 채로 죽었다.

41 仁穆王后(인목왕후, 1584~1632): 조선 제14대 宣祖의 繼妃. 본관은 延安, 延興府院君 金悌男과 光山 盧氏의 딸이다. 1602년 15세에 선조의 계비가 되고 1603년에 貞明公主를, 1606년에 永昌大君을 낳았다. 1613년 癸丑獄事로 영창대군이 유배되어 죽었고 본인은 폐위되어 西宮에 유폐되었다. 인조반정으로 복권되었지만 1632년 6월 28일 세상을 떠났다.

42 胡將(호장): 《인조실록》 1632년 9월 27일 1번째 기사와 10월 9일 3번째 기사에 의하면, 滿月介를 가리킴. 馬夫大의 동생이기도 하다. 1636년 12월 병자호란이 일어나자 홍타이지와 함께 右翼軍에서 종군하였고, 전쟁이 끝난 뒤 阿濟格(ajige)를 수행하여 皮島(椵島)를 점령하였다. 이후에 禮部 承政으로 승진하였다. 1639년에도 조선을 방문하였고, 소현세자와 봉림대군의 일시 귀환을 논의하였는데, 소현세자 일행은 이듬해인 1640년에 일시적으로 조선에 귀환하였다.

43 洪翼漢(홍익한, 1586~1637): 본관은 南陽, 초명은 霤, 자는 伯升, 호는 花浦·雲翁. 아버지는 진사 洪以成이며, 어머니는 金琳의 딸이다. 백부인 校尉 洪大成에게 입양되었다. 1615년 생원이 되고, 1621년 알성문과에 급제했으나 罷榜(과거에

去。時鳴吉, 上疏請送和使, 校理吳達濟[45]·修撰尹集[46], 上疏請斬

급제한 사람의 발표 취소)되었다. 1624년 정시문과에 장원으로 급제한 뒤 司書를 거쳐, 1635년 장령이 되었다. 1636년 청나라가 조선을 속국시하는 모욕적인 조건을 내걸고 사신을 보내오자, 帝號를 참칭한 죄를 문책하고 그 사신들을 죽임으로써 모욕을 씻자고 상소하였다. 마침내 그 해에 병자호란이 일어나자 崔鳴吉 등의 和議論을 극구 반대하였다. 이 난으로 두 아들과 사위가 적에게 죽임을 당하였다. 그리고 아내와 며느리도 적에게 붙들리자 자결하였다. 그러나 청나라의 강요로 화친을 배척한 사람의 우두머리로 지목되어 吳達濟·尹集과 함께 청나라로 잡혀갔다. 그곳에서 그는 청장 龍骨大에게 "작년 봄에 네가 우리 나라에 왔을 때 소를 올려 너의 머리를 베자고 청한 것은 나 한 사람뿐이다."했고, 갖은 협박과 유혹에도 끝내 굽히지 않다가 죽임을 당하였다.

44 尹宣擧(윤선거, 1610~1669): 본관은 坡平, 자는 吉甫, 호는 美村·魯西·山泉齋. 아버지는 대사간 尹煌이며, 尹文擧의 아우이며, 尹拯의 아버지이다. 牛溪 成渾의 외손자이다. 金集의 문인이다. 부친이 전라도 영광군수로 있을 때에 태어났다. 1633년 식년문과에 형 윤문거와 함께 급제하였다. 1636년 청나라의 사신이 입국하자 성균관의 유생들을 규합, 사신의 목을 베고 문서를 불태워버려 대의를 밝힐 것을 주청하였다. 그해 12월 병자호란이 일어나자 가족과 함께 강화도로 피신하였다. 이듬해 강화도가 함락되자, 함께 의병을 일으키기로 했던 친구들은 모두 죽었고, 숙부 尹烇과 아내 공주이씨가 자결하였으나, 그는 평민의 복장으로 탈출하였다. 이왕 죽을 바엔 남한산성에 있는 병든 부친 윤황을 만나고 난 뒤에 죽기 위하여 자식을 길가에 내버려두면서까지 탈출을 감행하였지만, 끝내 목숨을 부지하고 말았다. 1651년 이래 사헌부지평·장령 등이 제수되었으나, 강화도에서 大義를 지켜 죽지 못한 것을 자책하고 취임하지 않는 등 평생 벼슬길에 나아가지 않았다.

45 吳達濟(오달제, 1609~1637): 본관은 海州, 자는 季輝, 호는 秋潭. 1627년 사마시에 합격, 1634년 별시 문과에 장원으로 급제하였다. 典籍·병조좌랑·侍講院司書·正言·持平·修撰을 거쳐, 1636년에 副校理가 되었다. 그해 병자호란이 일어나자 남한산성에 들어가 청나라와의 和議를 극력 반대하였다. 그러나 청군에 항복하게 되자 스스로 척화론자로 나서 敵陣에 송치되었다. 적장 龍骨大의 심문에 굴하지 않고, 瀋陽으로 이송되어 모진 협박과 유혹에 굴하지 않자, 결국 심양성 서문 밖에서 尹集·洪翼漢과 함께 처형당했다. 세상에서는 이들을 '삼학사'라고 하여 그들의 절개와 충성을 높이 기리게 되었다.

崔鳴吉，領相金瑬[47]，亦主和議，深排吳尹之疏。

○丙子春，同知李廓[48]·僉知羅德憲[49]，使於奴，往瀋陽，金汗弘

---

46 尹集(윤집, 1606~1637): 본관은 南原, 자는 成伯, 호는 林溪·高山. 1627년 생원이 되고, 1631년 별시 문과에 급제해 이듬해 설서가 되었다. 그 뒤 修撰에 오르고 獻納을 역임한 뒤, 1636년 이조정랑·부교리를 거쳐 교리로 있을 때 병자호란이 일어났다. 왕이 남한산성으로 피하였는데 산성이 포위되어 정세가 불리해지자 崔鳴吉 등이 화의를 주장하였으나, 吳達濟 등과 함께 이를 극렬히 반대하는 상소를 올렸다. 결국 화의가 이루어지자 吳達濟, 洪翼漢과 함께 척화론자로 청나라에 잡혀가 갖은 고문을 받았지만 끝내 굴하지 않았고, 결국 瀋陽 西門 밖에서 사형되었다.

47 金瑬(김류, 1571~1648): 본관은 順天, 자는 冠玉, 호는 北渚. 아버지는 金汝岉이고, 金慶徵의 아버지이다. 1592년 임진왜란 때 復讐召募使 金時獻의 종사관으로 호서와 영남 지방에서 활약하였다. 1596년 정시 문과에 급제해 승承文院權知副正字에 임명되었다. 1623년 인조반정의 공로로 병조참판에 제수되었으며 곧 병조판서로 승진되더니 昇平府院君에 봉해졌다. 1627년 정묘호란 때는 副體察使로서 인조를 江都로 호종하였고, 환도 후에는 都體察使가 되어 八道軍兵을 통솔하였다. 1636년 병자호란 때는 인조와 함께 남한산성으로 피난하였다가, 이듬해 삼전도의 맹약을 맺는데 주화론자로서 주도적 역할을 하였다.

48 李廓(이확, 1590~1665): 본관은 全州, 자는 汝量. 1623년 仁祖反正 때 敦化門 밖에서 수비하다가 밤에 반정군이 이르자 문을 열어 들어가게 하였다. 반정 후 그를 죽이려 하자, 李貴가 길을 비켜준 그의 공을 역설하여 화를 면하게 하였다. 1624년 李适이 난을 일으키자, 도원수 張晩의 군에 들어가 선봉이 되어 적을 격파하는데 공을 세우고, 자산부사를 거쳐 부총관이 되었다. 1636년 回答使가 되어 청나라 瀋陽에 갔을 때, 심양에서는 국호를 淸이라 고치고 왕을 황제로, 연호를 崇德이라 하여 교외에서 하늘에 제사를 올리려고 할 때 그의 일행을 조선 사신으로 참여시키려고 하였으나, 결사적으로 항거하여 그 의식에 불참하고 돌아왔다. 우리 조정에서는 그 사실을 잘못 전하여 듣고, 한때 선천에 유배시켰다가 뒤에 충절을 알고 석방하였다. 그해 胡賊이 침입하자 남한산성을 수비하는 데 활약하였고, 난이 끝난 뒤 충청도병마절도사를 거쳐 1641년 삼도수군통제사에 이르렀다.

49 羅德憲(나덕헌, 1573~1640): 본관은 羅州, 자는 憲之, 호는 壯巖. 아버지는

他時, 僭稱皇帝, 國號淸, 恸廓等參賀。廓抵死不從, 胡奴歐碎廓等, 盡破衣冠, 終不屈, 漢人見之, 至有垂淚者。廓等將還, 汗付答書, 書稱皇帝, 廓等稱以馬病任重, 留置胡書而來。平安監司洪命耉[50], 以廓等不以嚴辭峻斥, 受來僭號之書, 馳啓請梟, 判書金尙

羅士忱이다. 1603년 무과에 급제하고 선전관을 거쳐 1624년 李适의 난 때 도원수 張晩의 휘하에서 종군했다. 특히, 鞍峴戰鬪에서 큰 공을 세웠다. 이후 吉州牧使를 거쳐 1635년 昌城府使·의주부윤을 역임하고, 1636년 春信使로 다시 심양에 갔는데 李廓과 심양에 도착했다. 이 때 후금의 태종은 국호를 淸이라 고치고 皇帝를 칭하며 즉위식을 거행했다. 조선 사신에게도 경축반열에 참석하라고 했으나, 하례를 완강히 거부하다가 옷이 찢어지고 갓이 부서지는 구타를 당했다. 구타와 회유를 거듭해도 시종 거부하다가, 청나라가 볼모를 요구하는 국서를 주어 돌려보내기로 하자, 내용을 알기 전에는 받을 수 없다고 받지 않았다. 100여 명의 기병으로 通院堡까지 호송되었는데, 기병의 호위가 풀리자 통원보의 胡人에게 국서를 맡기고 귀국했다. 이 사실을 안 三司와 趙復陽을 중심으로 한 관학 유생들은 皇帝僭稱의 국서를 받았다고 논핵했다. 영의정 金瑬까지 가세한 조정의 거센 척화론으로 위기에 몰렸으나, 이조판서 金尙憲의 적절한 변호로 극형만은 면하고 白馬山城으로 유배되었다. 1636년 병자호란 후 과거 춘신사로 심양에 가서 하례를 거부, 항거한 사실이 밝혀져 유배에서 풀려나 삼도통어사로 특진되었으며, 1639년 벼슬에서 물러났다. 1636년 춘신사로서 심양을 다녀온 일기인 『북행일기(北行日記)』(보고사, 2020)가 참고된다.

50 洪命耉(홍명구, 1596~1637): 본관은 南陽, 자는 元老, 호는 懶齋. 1619년 알성문과에 장원했으나 시골에 은거하다가 1623년 인조반정 후에 등용되어, 1625년 부수찬이 되었다. 1627년 직강을 거쳐 교리·이조좌랑·좌부승지 등을 역임하였다. 그 뒤 1633년에 우승지가 되고, 1635년에 대사간·부제학을 거쳐 이듬해에는 평안도 관찰사로 나아갔다. 그해 병자호란이 일어나자 慈母山城을 지키다가, 적병이 남한산성을 포위했다는 소식을 듣게 되었다. 이에 勤王兵 2,000명을 거느리고 남하하던 중, 金化에 이르러 청나라 대군과 맞서 싸우다가 전사하였다. 김화 전투에서 홍명구와 같이 싸운 평안도 병마절도사 柳琳과 李一元이 청나라 군대를 격퇴하였는데, 병자호란 때 조선군이 승리한 것은 김화 전투와 金俊龍의 광교 전투가 유일하다.

憲[51], 姑請拿來詳問, 上從之。

○冬, 都元帥金自點[52], 自謂[53]: '今冬奴必不來.' 或言賊來則怒, 不來云則喜, 送軍官申榕於義州, 察其形勢, 到順安[54], 賊已

---

51 金尚憲(김상헌, 1570~1652): 본관은 安東, 자는 叔度, 호는 淸陰·石室山人. 아버지는 都正 金克孝이다. 金尚容의 아우이다. 尹根壽의 문인이다. 1596년 정시문과에 급제, 1608년 文科重試에 합격하여, 1611년 승지로 李彦迪·李滉의 문묘종사를 반대하는 鄭仁弘을 탄핵하다가 좌천되었고, 1613년 사돈인 金悌男이 賜死되었을 때 연좌되어 延安府使에서 파직되었다. 1623년 인조반정 후 대사간을 거쳐, 1636년 병자호란 때 斥和論을 주장하다 청에게 항복하자 안동으로 돌아갔다. 1639년 청의 출병 요구에 반대하는 상소를 하여 청에 압송되었다. 1645년에 昭顯世子를 수행하여 귀국하였다. 효종이 즉위하자 좌의정·영돈령부사를 지냈다. 죽은 뒤 崇明節義派로 朝野에 큰 정신적 영향을 미쳤다.

52 金自點(김자점, 1588~1651): 본관은 安東, 자는 成之, 호는 洛西. 李貴, 金瑬, 申景禛, 崔鳴吉, 李适 등과 함께 광해군과 집권세력인 대북파를 축출하고 綾陽君(후의 인조)을 추대하여 반정에 성공하였다. 당시 西人이 功西와 淸西로 갈라지자 공서의 편에서 金尚憲 등 유림을 탄압하였다. 이괄의 난을 평정하고, 정묘호란이 일어나자 巡檢事臨津守禦使에 임명되었다. 1633년 都元帥가 되었으나 병자호란이 일어나자 兎山 싸움에서 참패한 죄로 전쟁이 끝나자 絶島定配당했다. 1643년 판의금부사로 登極使가 되어 淸에 다녀온 뒤 우의정에 승진되고, 1644년 좌의정에 봉해지고 영의정에 올라 謝恩使로 다시 淸에 다녀왔다. 1646년 仁祖가 昭顯世子嬪 姜氏를 죽이려는 내심을 간파하고 인조의 수라상에 독약을 투입한 뒤 그 혐의를 강빈에게 미루어 죽였으며, 소현세자의 세 아들을 모두 濟州에 유배 보내게 하였다. 1649년 효종이 즉위하자 김상헌 등을 등용하여 北伐을 꾀하고, 그를 파직시켰다. 다음해 그는 유배지인 洪川에서 심복인 역관 李馨長을 시켜 조선이 북벌을 계획하고 있음과 宋時烈이 지은 長陵의 誌文에 淸의 年號를 쓰지 않고 明의 연호를 쓴 사실을 淸에 알렸다. 이에 청나라는 크게 의심하고 大軍을 보내 眞否를 물었으나 孝宗의 기민한 수습으로 무마되었다. 결국 그의 반역행위가 드러나 光陽에 유배되었다가 1651년 아들의 역모가 들어나 역모죄로 아들과 함께 사형 당하였다.

53 自謂(자위): 제 스스로 생각함.

54 順安(순안): 평안남도 평원군에 있는 고을. 동쪽은 순천군, 남쪽은 대동군·강서군,

遍滿, 平安監司, 僅以單騎, 馳入慈母山城[55]。榕回報所見, 自點謂之妄言, 欲斬之。追送軍官, 又回報急, 自點不得已, 始啓之。蓋賊之渡江, 不顧城鎭, 稱以講和, 急如風雨, 而邊臣狀啓, 賊皆奪之, 故朝廷漠然不知。

○元師金自點, 至兎山[56], 賊兵大至, 自點棄軍, 以單騎, 上山而走。從事官鄭太和[57], 蒼黃入衙中, 使禦營砲手[58], 一時放丸,

---

북쪽은 안주군과 접하고, 서쪽은 황해에 면한다.

55 慈母山城(자모산성): 평안남도 자천에 있는 慈母山을 둘러싼 산성. 고구려 때 평양 일대의 방어를 위해 처음 축성되었다고 한다. 조선 전기까지 별다른 주목을 받지 못했으나, 1592년 임진왜란 이후 여진족의 침입 가능성이 높아지자 이 성의 중요성이 재인식되었다. 정묘호란 직후인 1627년 10월 평안도 지역 방어체계 강화를 위해 평안감사 金起宗의 건의로 자모산성의 수축이 시작되었다. 자모산성은 당시 평안도관찰사 閔聖徽의 책임하에 의주의 백마산성 및 선천의 검산성 등과 함께 축조되었다. 1636년 병자호란 당시에는 평안감사 洪命耉가 이끄는 평안도군이 이곳을 방어하면서 청군에 대응하기도 하였다.

56 兎山(토산): 조선시대 황해도 황주목 토산현.

57 鄭太和(정태화, 1602~1693): 본관은 東萊, 자는 囿春, 호는 陽坡. 영의정 鄭光弼의 5세손, 鄭惟吉의 증손. 할아버지는 鄭昌衍이고, 아버지는 형조판서 鄭廣成이다. 좌의정 鄭致和와 예조참판 鄭萬和의 형이다. 1628년 별시 문과에 급제, 승문원 정자가 되었다. 1631년 정언을 거쳐 이듬해 이조좌랑이 되고, 이어 홍문관·사간원·사헌부·세자시 강원 등의 당하관직을 두루 역임하고 1635년 사간이 되었다. 그해 後金의 침략 위협에 대처해서, 북방변경의 경비를 강화하기 위한 元帥府가 창설되자 원수의 從事官이 되었다. 이듬해 병자호란 때 도원수 金自點이 兎山에서 패하여 도망하자, 황해도의 여러 곳에서 패잔병을 수습하고 항전, 많은 적을 사살했다. 이 공으로 비변사가 천거한 儒將 4명 중 한 사람으로 뽑히고, 집의로 승진되었다. 1637년 볼모로 잡혀가는 소현세자·봉림대군을 따라 瀋陽으로 갔다가, 그해 말 귀국하여 1638년 충청도 관찰사에 오르고 동부승지·우부승지를 지낸 뒤 한성부 우윤·대사간·평안도 관찰사 경상도 관찰사·도

賊兵稍却。

○平安監司洪命耉, 與兵使柳琳[59], 欲同時進兵, 琳不肯, 命耉

승지를 거쳐 1645년 호조판서·대사헌이 되었다. 이해 심양에서 돌아온 소현세자가 귀국 4개월 만에 죽고 후계문제가 대두하자 적장자 상속의 宗法을 무시할 수 없다 하여 봉림대군의 세자책봉을 반대하고 소현세자의 아들로서 적통을 계승해야 한다고 주장했다. 그러나 봉림대군이 세자로 책봉되고 소형세자빈 姜氏와 두 아들이 죽자, 현실에 순응하여 이후 요직을 두루 담담했다. 1649년 우의정에 오른 후, 효종이 즉위하자 謝恩使로 청나라에 다녀왔다. 그후 좌의정으로 승진되었으나, 모친상을 당하여 나아가지 않고 향리에 머무르다가, 1651년 영의정이 되어 다시 조정에 나아갔다. 이후 20여 년간 영의정을 5차례나 지냈다. 1659년 효종이 죽은 후 제1차 禮訟이 일어나자 송시열 등 西人이 제기했던 朞年說를지지, 이를 시행시켰다. 왕위계승·북벌론·예송문제 등을 둘러싸고 각 정파간의 대립이 격렬하던 정국에서 서인의 입장을 견지하면서도 원만한 대인관계와 능란한 임기응변으로 위기를 모면하고 평탄하게 영달한 인물로 평가받는다.

58 禦營砲手(어영포수): 御營砲手의 오기.

59 柳琳(류림, 1581~1643): 본관은 晉州, 자는 汝溫. 아버지는 현감 柳淮이다. 1603년 무과에 급제했으나 체격이 왜소하여, 1609년에야 李恒福의 인정을 받아 훈련도감哨官에 임명되었다. 1611년 6품관에 승진되어 利城縣監이 되고, 뒤이어 理山郡守로 승진하였다. 1618년 충청도 수군절도사를 거쳐, 이듬해 황해도 병마절도사가 되어 해주성을 쌓는 등 군비를 충실히 하였다. 장흥부사·남양부사를 거쳐 1626년 廣州牧使로 남한산성을 쌓는 등 공이 컸다. 1630년 전라도 수군절도사로 재임중에는 수군을 이끌고 평안도 椵島에서 일어난 劉興治 등이 일으킨 난을 평정하였다. 영변부사를 거쳐, 1634년 평안도 병마절도사에 임명되어 국방을 강화하고 청나라의 무리한 요구를 거절하였다. 1636년 병자호란 때에 평안도 병마절도사로서 성을 굳게 수비하고 남하하는 청군을 추격, 김화에서 크게 무찌르는 공을 세웠다. 화의가 성립된 뒤 다시 평안도 병마절도사로 부임하여, 청나라의 요청으로 淸將馬夫達과 함께 가도를 공격하여 명나라 군대를 대파하였다. 그 공으로 청나라의 심양에 초청되었으나, 이에 응하지 않아 죄를 받아 白馬城에 안치되었다. 1638년 풀려나와, 1639년 삼도 수군통제사가 되었다. 1641년 청나라가 명나라를 칠 때, 그들의 요청에 따라 군대를 이끌고 출정하였으나 병을 핑계로 전투를 부장에 일임하였다. 이때 총포를 공포로 쏘게 한 것이 탄로가 나 부장들은 주살되었으나,

欲用軍律, 琳不得已從之。【洪以覲王[60]爲急, 柳以直走潘陽爲計, 以兵法言之, 柳計得之, 而洪之不從, 只出忠憤而已, 嗚呼惜哉.】兩人, 自此分兵, 至金化[61], 欲與琳合陣, 琳不從, 又有逗遛之意, 命耆曰: "君父迫在危[62], 城寧進死, 不可退生." 拔軍前進, 及其敗沒。琳及李一元[63], 坐視不戰。

○自點狀啓來後, 朝廷始知賊報, 廟議將入江都, 以沈器遠[64], 爲留大將[65]。大駕出南門, 賊兵已到弘濟院[66], 上還入城。大將申

그는 병으로 인하여 책임을 면하였다.

60 覲王(근왕): 勤王의 오기. 임금이나 왕실을 위하여 충성을 다함.

61 金化(김화): 강원도 북부에 있는 고을. 동쪽은 양구군, 서쪽은 철원군·평강군, 북쪽은 회양군, 서남단의 극소부는 경기도 포천시과 접한다.

62 迫在危(박재위): 在危迫의 오기.

63 李元一(이원일): 李一元(1575~?)의 오기. 본관은 咸平, 자는 會伯. 1605년 증광시 무과에 급제하였다. 順天 군수, 남한산성 수어사, 영변 부사 등을 역임하였다.

64 沈器遠(심기원, 1578~1644): 본관은 青松, 자는 遂之. 유생으로 李貴 등과 협력하여 1623년 인조반정에 공을 세워 靖社功臣 1등에 책록되고 青原府院君에 봉해졌고, 이어 동부승지를 거쳐 병조참판에 특진되었다. 1624년 李适의 난이 일어나자 漢南都元帥가 되어 난을 막았다. 1627년 정묘호란 때는 경기·충청·전라·경상도의 都檢察使가 되어 종사관 李尙叏·羅萬甲 등과 함께 세자를 모시고 피란하였다. 1628년 강화부유수를 거쳐, 1634년 공조판서에 승진되었다. 1636년 병자호란이 일어나자 留都大將으로 서울의 방어책임을 맡았고, 1642년 우의정을 거쳐 좌의정에 승진되었다. 1644년 좌의정으로 남한산성 守禦使를 겸임하게 되자 이를 기화로 심복의 장사들을 扈衛隊에 두고 前知事 李一元, 廣州府尹 權瀷 등과 모의하여 懷恩君 德仁을 추대하려는 반란을 꾀하다 탄로되어 죽임을 당하였다.

65 留大將(유대장): 留都大將의 오기.

66 弘濟院(홍제원): 서울특별시 서대문구 홍제동 지역에 있었던 원. 공무여행자에게 편의를 제공하기 위한 목적으로 설치되었는데, 중국으로 향하는 의주로에 위치하여

景禛[67]【硡子】, 出鎭[68]慕華館[69], 先遣將官李興業[70], 領八十騎, 迎擊之。將官以下, 皆與家屬哭別, 過飮酒盃, 無不沈醉, 到昌陵[71]

중요한 기능을 수행하였던 원이었다. 공관이 별도로 마련되었고, 누각도 있었다. 서대문 밖에서 무악재를 넘으면 동편에 위치하였고, 도성과는 가장 가까운 의주로상의 첫번째 원이었던 이유로 중국에서 오는 사신들이 많이 이용하였다.

67 申景禛(신경진, 1575~1643): 본관은 平山, 자는 君受. 아버지는 都巡邊使 申砬이다. 申景裕·申景禋의 형이다. 임진왜란 때 戰亡人(전쟁에 참여하여 죽은 자)의 아들이라 하여 선전관으로 기용되었고, 오위도총부도사로 전보되어 무과에 급제하였다. 그 뒤 태안군수·담양부사를 거쳐 부산첨사가 되었으나 일본과의 화의에 반대하고, 倭使의 접대를 거부하여 체임되었다. 이어 갑산부사를 거쳐 咸鏡南道兵馬虞候로 전보되자, 체찰사 李恒福의 요청으로 경원부사와 벽동군수가 되었다. 그 뒤 형조판서가 되었으며, 1627년 정묘호란 때 강화도로 왕을 호종하여 이듬해 府院君에 봉해졌다. 1635년 穆陵·惠陵의 奉審官으로 보수를 소홀히 하여 파직당했다가 곧 복직되어 형조판서에 훈련대장을 겸하였다. 1636년 병조판서를 겸하도록 했으나 질병을 이유로 사양하였다. 그러나 병자호란이 일어나자 수하의 군사를 인솔하여 적의 선봉부대를 차단, 왕이 남한산성으로 피난할 여유를 주었으며, 청나라와의 화의 성립 후 다시 병조판서에 임명되었다. 1637년 좌의정 최명길의 추천으로 우의정이 되어 훈련도감제조를 겸했는데, 이때 난 후의 민심수습책을 논하고 수령의 임명에 신중을 기할 것을 개진하였다. 이듬해 謝恩使로 청나라에 파견되었다. 돌아와 좌의정으로 승진하자 영의정 최명길과 의논하여 승려 獨步를 은밀히 명나라에 파견, 청나라에 항복하게 된 그간의 사정을 변명하도록 하였다. 1641년 다시 사은사로 청나라에 들어가 구금되어 있던 金尙憲 등을 옹호하였다. 1642년 청나라의 요구로 최명길이 파직되자 그 뒤를 이어 영의정에 올랐다. 그러다가 병으로 사퇴한 후 이듬해 재차 영의정에 임명되었으나 열흘도 못 되어 죽었다.

68 出鎭(출진): 出陣의 오기. 전투하러 진지로 나아감.

69 慕華館(모화관): 서울특별시 서대문구 현저동에 있었던 客館. 조선시대 명나라와 청나라의 사신을 영접하던 곳으로, 敦義門 바깥 서북쪽에 있었다.

70 李興業(이흥업, 1601~?): 본관은 牛峯, 자는 起夫. 1629년 별시 무과에 급제하였다. 都監將官을 지냈다.

71 昌陵(창릉): 西五陵의 하나. 조선시대 8대 睿宗과 睿宗妃 安順王后의 능. 경기도

越邊, 爲賊盡沒, 只餘數騎。大駕, 自水口門[72], 入南漢山城。崔鳴吉自請, 往見胡將, 問其深入之意, 答以貴國, 無故渝盟[73], 更爲約和而來云云。

○賊兵, 隨後大至, 圍城數重, 中外不通。賊之始來也, 形色如鬼, 馬皆疲困, 諸將懷懼, 不敢出戰, 可勝痛哉? 馬胡[74]請送王子, 可以爲和, 朝廷以綾峯守[75]爲假喞王子, 以兵判沈諿[76]爲假喞大臣, 出送虜陣。諿, 以爲雖蠻貊, 不可欺也, 謂胡曰: "吾非大臣,

---

고양시 덕양구 용두동에 있다.

72 水口門(수구문): 光熙門을 가리킴. 水溝門 또는 屍口門이라고도 한다.

73 渝盟(투맹): 맹세한 언약을 저버림.

74 馬胡(마호): 청나라 장수 馬夫大를 가리킴. 馬福塔으로도 표기된다. 청나라의 전신인 後金 때부터 사신으로 여러 차례 조선을 왕래했다. 1635년에는 후금의 親書를 가지고 조선에 오기도 하였다. 병자호란 때는 淸나라 太宗의 막료로서 행패가 심하였다.

75 綾峯守(능봉수): 仁祖의 외종형 具仁垕의 누이 아들 정4품 능봉수의 품계를 올려 정1품 능봉군으로 삼았던 李偁. 병자호란 때 왕자와 대신을 인질로 요구할 때 왕의 동생으로 속여 보냈다.

76 沈諿(심집, 1569~1644): 본관은 靑松, 자는 子順, 호는 南崖. 1596년 정시문과에 급제, 承文院 등의 각 청환직(淸宦職에 보직되었으나 한때 사직하였다. 1601년 檢閱이 되고, 水原府判官에 올라 무고를 받은 成渾을 변호한 일을 비롯하여 광해군 초에도 직언을 서슴지 않아 좌천·면직이 거듭되는 등 관로에 우여곡절이 많았다. 그 뒤 폐모론이 일어나자 사직, 1623년 인조반정으로 재등용되어 도승지, 예조·형조 참판을 지내고 1629년 형조판서가 되었다. 1636년 병자호란 때는 大臣을 인질로 보내라는 요구에 대신으로 신변을 가장하고 청나라 진영에 가서 적장 마부대를 만나 화의를 교섭했으나 신분이 탄로나 실패했으며, 이로 인해 이듬해 파직되었다가 1638년 용서되어 예조판서에 이르렀다. 이때 심집의 신변을 끝까지 속이고 밝히지 않았던 무장 朴蘭英은 살해되었다. 그러나 1644년 아들 沈東龜가 沈器遠의 모반 사건에 연좌되어 유배되자 지병이 악화되어 죽었다.

彼非王子." 馬胡怒曰: "東宮不來, 不可爲和." 領相金瑬·左相洪瑞鳳[77]及金藎國[78]·李聖求[79]·崔鳴吉·張維[80]等, 請送東宮於虜陣,

---

77 洪瑞鳳(홍서봉, 1572~1645): 본관은 南陽, 자는 輝世, 호는 鶴谷. 1590년 진사가 되고, 1594년 별시문과에 급제하였다. 1600년 사서가 된 뒤 정언·부수찬에 이어 1602년 이조좌랑과 성주목사를 역임하였다. 1608년 중시문과에 급제한 뒤 사성·응교 등을 역임하고, 1610년 강원도관찰사를 거쳐, 이듬해 동부승지 재직 중 金直哉獄事에 장인 黃赫이 연루되어 삭직당하였다. 1623년 인조반정에 가담하여 병조참의가 되었으며, 대사헌·병조참판 등을 차례로 역임한 뒤 1626년에는 도승지가 되었다. 1636년 우의정을 거쳐 좌의정에 올랐을 때 병자호란이 일어나자 崔鳴吉과 함께 和議를 주장하였고 영의정, 좌의정을 지냈다. 昭顯世子가 급사하자 鳳林大君(孝宗)의 세자책봉을 반대하고 세손으로 嫡統을 이어야 한다고 주장하였으나 용납되지 않았다.

78 金藎國(김신국, 1572~1657): 본관은 淸風, 자는 景進, 호는 後猜. 1591년 생원이 되고, 1592년 임진왜란이 일어났을 때 영남에서 의병 1천여 명을 모아 활동하자 조정에서 그를 참봉으로 봉하였다. 1593년 별시 문과에 급제하고, 藝文館檢閱을 거쳐 도원수 權慄의 종사관으로 활약하였다. 北人이 大北과 小北으로 갈라지자 소북의 영수로 대북과 대립하다가 관직이 삭탈되어 충주에 은거하였다. 1618년 평안도 관찰사·우참찬·호조판서를 지냈다. 1623년 인조반정으로 광해군 때의 훈작을 삭제 당했다가 다시 평안도 관찰사에 임명되어 後金의 침략에 대비하기 위해 城池의 수축, 군량의 비축 등에 힘썼고, 李适의 난 때 국문 당했으나 혐의가 없음이 밝혀졌다. 1627년 정묘호란 때에 호조판서로 李廷龜와 함께 금나라 사신과 和約을 협상했고, 1636년 병자호란 때는 남한산성에 들어가서 끝까지 싸울 것을 극력 주장했다. 이듬해 볼모로 가는 소현세자의 貳師로 瀋陽에 배종했다가, 1640년 귀국하여 耆老所에 들어갔다.

79 李聖求(이성구, 1584~1644): 본관은 全州, 자는 子異. 호는 分沙·東沙. 조선조 태종과 효빈김씨 사이에서 난 慶寧君의 후손으로, 병조판서 李希儉의 손자이며, 이조판서 李睟光의 아들이다. 1603년 진사에 오르고, 1608년 별시 문과에 급제해 翰苑(예문관)에 들어가 관직 생활을 시작하였다. 광해군 초기에 전적·감찰을 거친 후 예조·병조·형조의 좌랑, 부교리·헌납·병조정랑·교리 등을 역임하였다. 1613년 헌납으로 있을 때 아버지는 대사헌을, 동생 李敏求는 홍문관부제학을 지내, 삼부자가 삼사의 언관직에 같이 있어 세인들의 주목을 받기도 하였다. 1623년

且請稱皇帝, 上不從。禮判金尙憲, 大言於朝曰: "吾當以手釰斬此建議者, 誓不與共戴天日." 金瑬, 始覺其非, 詣闕待罪。崔鳴吉, 請以牛酒, 送于虜陣, 虜言: "軍中, 日擊牛飮酒, 寶貝如山, 何用此? 爲汝之君臣, 久處石竇, 飢餓已久, 自可用之, 遂不受。

○城中, 日望援兵, 寂然無形。忠淸監司鄭世規[81], 洒淚忘死而

인조반정 이후 대사헌, 병조 판서 등 요직을 두루 거쳐 영의정을 지냈다. 1636년 병자호란 때에 왕을 호종하였고, 이때 崔鳴吉 등의 주화론에 동조했으며, 1637년 왕세자가 볼모로 瀋陽에 갈 때 좌의정이 되어 수행하였다. 1640년 다시 사은사로 청나라에 들어가 명나라를 공격할 군사를 보내라는 청국의 강력한 요청을, 결코 들어 줄 수없는 외교적 난제라는 조선의 입장을 분명하게 밝히고 귀국했다. 1641년 영의정에 오른 11월, 청나라의 명령적 요청으로 전 의주부윤 黃一皓를 처형 하는 등 안타까운 사건을 숱하게 치러야 했다.

80 張維(장유, 1587~1638): 본관은 德水, 자는 持國, 호는 谿谷. 우의정 金尙容의 사위이며, 효종비 仁宣王后의 아버지이다. 金長生의 문인이다. 1605년 사마시를 거쳐 1609년 증광 문과에 급제하였고, 이듬해 겸설서를 거쳐 검열·주서 등을 지냈다. 1612년 金直哉의 誣獄에 연루해 파직되었다. 1623년 인조반정에 가담하여 봉교를 거쳐 전적과 예조·이조의 낭관을 지내고, 그 뒤 대사간·대사성·대사헌 등을 역임하였다. 1627년 정묘호란이 일어나자 강화로 왕을 호종하였고, 1629년 羅萬甲을 伸救하다가 나주목사로 좌천되었다. 1636년 병자호란 때는 공조판서로 남한산성에 임금을 호종하였고, 최명길과 함께 화의를 주도하였다. 이듬해 예조판서를 거쳐 우의정에 임명되었으나 어머니의 訃音으로 18차례나 사직소를 올려 끝내 사퇴했고, 장례 후 과로로 병사하였다.

81 鄭世規(정세규, 1583~1661): 본관은 東萊, 자는 君則, 호는 東里. 1613년 사마시에 합격하여 생원이 되고, 門蔭으로 의금부도사를 거쳐 화순현령·안산군수를 역임하였다. 1636년에 朝臣들의 추천을 받아 4품의 散秩에서 충청도관찰사로 특진되고, 그해 겨울 병자호란으로 왕이 남한산성에서 포위되자 근왕병을 이끌고 포위된 남한산성을 향하여 진격하다가 용인·險川에서 적의 기습으로 대패하였다. 이때의 충성심으로 패군의 죄까지 면죄 받고 전라감사·개성유수를 거쳐 공조판서에 임명되었다. 이 후 형조판서·전주부윤·대사헌·호조판서·함경감사·지의금부사·우

來，陣於廣州[82]，爲賊所敗，魯城[83]縣監金弘翼[84]·藍浦縣監李慶善[85]，俱死於賊，世規落於絶壑而得生。江原監司趙廷虎[86]，聞變之

참찬 등을 번갈아 역임하고 이조판서에 이르렀다. 그의 출세에는 金堉의 뒷받침이 있었다고 하는데, 조선시대에 문음출신으로 육경에 오른 가장 대표적 인물이다.

82 廣州(광주): 경기도의 중앙부에 있는 고을. 동쪽은 여주시·이천시, 서쪽은 성남시, 남쪽은 용인시, 북쪽은 하남시와 접하며 한강을 사이에 두고 남양주시·양평군과 마주한다.

83 魯城(노성): 조선시대 충청도 공주목에 속한 현으로 尼山縣을 고친 것. 충청남도 논산시 노성면의 일대이다.

84 金弘翼(김홍익, 1581~1636): 본관은 慶州, 자는 翼之, 호는 默齋. 1614년 사마시에 합격하고, 1628년 의금부도사, 1630년 掌樂院直長, 1631년 감찰, 1632년 공조좌랑을 거쳐 連山縣監이 되었다. 1636년 병자호란 때 관찰사 鄭世規가 군병을 모집하자 80여 세의 어버이가 계셨으나, 軍器差使員으로 2,400여 명을 인솔하고 수원산성에 이르러 감찰사와 논의하고, 남한산성으로 가던 중 險川에 이르러 적병과 분전하다가 순절하였다.

85 李慶善(이경선, 1600~1636): 본관은 慶州, 자는 君善. 李慶徵은 초명이다. 碧梧 李時發의 다섯째 아들이다. 1624년 사마시에 합격하였고, 음직으로 교서관 정자를 지냈다. 1633년 식년시 급제하여 司果, 校理, 예조 좌랑, 성균관 전적을 역임한 후, 1636년 남포현감이 되었다. 병자호란 때 충청감사 정세규가 이끄는 근왕병의 참모관으로 경기도 광주 검천에 이르러 청군의 급습에 전사하였다.

86 趙廷虎(조정호, 1572~1647): 본관은 배천(白川), 자는 仁甫, 호는 南溪. 1590년 사마시에 합격하고, 1612년 식년문과에 급제, 승문원정자에 제수되었다가, 얼마 뒤 居山道察訪으로 나가 郵政事務에 큰 공적을 세웠다. 1623년 인조반정이 일어나자 사헌부지평으로 발탁되고, 이어 성균관직강·홍문관교리·사헌부장령 등을 거쳐 사간으로 승진되었다. 이때 元宗을 太廟에 合祭하려고 하자, 여러 언관들과 함께 강력하게 반대하다가 仁祖의 노여움을 사 削黜당하고 향리에 은거하였다. 이듬해 다시 서용되어 병조참의가 되었다가 강원도 관찰사로 병자호란을 맞이했을 때 왕이 남한산성으로 피란하자 군사를 이끌고 급히 산성으로 출동, 요새를 점거하고 포를 쏘아 원군이 온 것을 성중에 알렸다. 그가 직접 군사를 독려하고 많은 적을 사살했으므로 적병은 감히 그가 포진하고 있는 동쪽으로는 진출할 수가 없었다.

初, 卽與營將權井吉[87], 來到於廣州黔丹山[88], 後爲賊所敗。參判羅萬甲[89], 言於上曰: "殿下之臣, 只有鄭世規一人, 趙廷虎其次也。此外皆坐, 視君父之危, 無意覲王[90]." 聖上, 亦豈無憤怒之心哉?

○體相金瑬, 親率將士, 往西城督戰, 城下谿谷。虜騎處處藏匿, 賊遂佯退, 瑬督令下擊, 虜騎四面蹴之, 盡戮我軍。且於接戰之際, 多給藥丸[91], 則或恐耗失, 隨告隨給, 故請藥之聲紛紛, 兩

---

87 權井吉(권정길, 생몰년 미상): 무관으로 1592년 임진왜란 때 尙州判官이었고, 1627년 정묘호란 때 연평부원군 李貴의 군관으로 전쟁터에 자원하여 포상을 받았다. 1636년 병자호란 때 原州營將으로 강원도의 勤王兵을 지휘하여 남한산성을 향하다가 부근 黔丹山에서 청나라 군대와 격전 끝에 패퇴하였다. 그 뒤 淮陽府使, 춘천 부사, 仁同府使 등을 지냈다. 《靑城雜記》 권4 〈醒言·春川防禦使權井吉〉에 소개되어 있다.

88 黔丹山(검단산): 경기도 성남시와 광주시의 경계를 이루는 산. 남한산성과 연결되는 산줄기를 이룬다.

89 羅萬甲(나만갑, 1592~1642): 본관은 安定, 자는 夢賚, 호는 鷗浦. 世子侍講院輔德 羅級의 아들이다. 1613년 증광시에 장원으로 입격하고, 성균관에 들어갔다. 그러나 곧 仁穆大妃가 西宮에 유폐되는 상황이 전개되자 고향으로 돌아가 은거하였다. 1623년 문과에 급제, 승정원의 假注書가 되었고, 같은 해 9월에는 藝文館檢閱이 되었다. 1624년 1월 이괄의 반란이 일어나자, 漢南都元帥 沈器遠의 自辟으로 從事)이 되었으며, 그해 6월에는 文臣兼宣傳官을 지냈다. 1625년 성균관典籍으로서 知製敎兼記事官) 지냈고, 홍문관 교리를 거쳐 江東縣監으로 나갔다. 1627년 정묘호란이 발발하자, 나만갑은 강화도로 호종하기도 하였으나 그가 偏黨한다는 인조의 노여움은 이어졌다. 1636년 병자호란 때 남한산성에 들어가 工曹參議에 기용되었으며 이어 兵曹參知가 되어 館餉使로 군량 공급에 큰 공을 세웠다. 전쟁이 끝난 뒤 무고를 받고 寧海로 귀양갔다. 1639년 방면되어 榮川에서 은거하며 여생을 보냈다.

90 覲王(근왕): 勤王의 오기.

91 藥丸(약환): 화약과 납으로 된 탄환.

軍相接, 何暇請藥? 只以銃柄, 相搏而已。山坂峻急, 勢難上來而請藥, 至於盡死。力士趙陽, 出死力戰, 射殺甚衆, 身被九矢而生還。墾, 自戰自敗, 無所歸咎, 托以北城將元斗杓[92]不救, 將置極律[93]。朝議, 以爲首將失律, 歸罪副將, 事甚未安, 墾不得已, 詣闕待罪。

○留都大將沈器遠, 狀啓虛報, 擊殺阿峴[94]敵四五百, 朝廷卽以器遠爲諸道都元帥。及賊追器遠, 器遠仍棄城, 徒走(步)而逃, 往光陵[95], 入楊根[96]迷源[97]。自點, 亦自兎山逃來, 仍與相會, 避亂而

---

92 元斗杓(원두표, 1593~1664): 본관은 原州, 자는 子建, 호는 灘叟·灘翁. 1623년 인조반정 때 공을 세워 원평부원군에 책봉되었다. 1624년 전주부윤을 지냈고 전라도관찰사를 지냈다. 1636년 병자호란이 일어나자 어영부사로 남한산성을 지켰다. 1642년 형조참판에 이어 강화부유수와 경상도관찰사를 역임하였다. 이 기간에 서인의 功西에 소속되어 淸西를 탄압하였고 같은 붕당의 김자점과 권력을 다툼으로 분당되자 원당의 영수가 되었다. 1649년 호조판서로 재임하면서 그의 처신이 부적절하다고 문제되어 파직되었다. 1651년 복직되어 좌참찬이 되었고, 1654년 병조판서에 올랐다. 효종의 북벌정책을 지지하여 군비를 증강하는데 앞장섰고 金堉이 주장한 대동법에는 반대하였다. 1656년 우의정을 거쳐 1662년좌의정에 올라 군기시의 도제조를 겸직하였다.

93 極律(극률): 死刑을 달리 이르는 말.

94 阿峴(아현): 서울특별시 마포구 아현동에 있는 고개. 서대문 네거리에서 충정로 삼거리를 지나 마포구 아현동으로 넘어가는 고개로서, 아기고개·아이고개·애고개·애우개, 한자명으로 兒峴·阿耳峴이라고도 한다.

95 光陵(광릉): 조선 제7대 왕 세조와 정희왕후 윤씨의 능. 경기도 남양주시 진접읍 부평리에 있다.

96 楊根(양근): 경기도 양평군 양평읍 양근리 지역.

97 迷源(미원): 경기도 가평군 설악면에 있는 마을. 조선시대에는 경기도 양평군 미원현이었다.

圖生, 可勝誅哉?

○丁丑正月初二日, 左相洪瑞鳳等, 往胡中, 胡以黃紙所書, 置案上, 使左相以下, 先行四拜禮, 奉書而來。其書曰: "大淸皇帝, 詔諭朝鮮國。我軍, 先年東征, 爾國邀擊, 又助明朝, 荼毒我國, 今朕親統大軍而來, 爾何不令智謀勇敢者, 從而征之, 縮頸不出, 如女人之處閨也."云云。

○吏判崔鳴吉, 製進答書, 曰: "朝鮮國王某, 上書于大淸皇帝。至於出城之命, 實出於仁覆之下, 然念重圍未解, 帝怒方盛, 在此亦死, 出城亦死, 以是[98]瞻望龍旂[99], 分死自決。皇帝, 方以天地生物爲心, 則小邦, 豈不當獲預於全活之中哉."云云。

○禮判金尙憲, 見其書, 手自盡裂, 失聲痛哭, 謂崔鳴吉曰: "台監, 何忍爲此等事耶?" 鳴吉微笑曰: "台監裂之, 我當拾之." 遂收拾補綴。兵判李聖求, 怒曰: "台監, 從前斥和, 使國事至此, 台監, 可往虜中." 尙憲曰: "若送虜中, 得其死所, 是台監之賜也." 仍出寓舍, 逢人輒大哭, 始却飮食, 自期必死, 聞有送虜中之議, 始食之。

○鳴吉, 傳國書於虜, 虜不受, 再傳又不受。參贊韓汝稷[100]曰:

---

98 以是(이시): 是以의 오기.

99 龍旂(용려): 龍旗의 오기. 사신이 들고 가는 깃발. 용을 그린 깃발로, 왕의 의장용으로 사용되었다.

100 韓汝稷(한여직, 1575~1638): 본관은 淸州, 자는 仲安, 호는 十洲. 1604년 생원으로 裕陵參奉에 처음 제수되었다. 1610년 식년문과에 급제, 설서·사서·정언·문학

"厥字不書, 故虜不受之, 其一字, 眞骨字也, 今金尙憲已出, 可以急書送." 所謂厥字, 卽臣字." 鳴吉然之, 答書卽稱臣, 稱陛下云云。

○前吏參鄭蘊[101], 上疏曰: "竊聞外間喧傳之說, 昨日使臣之行, 有以稱臣陳乞者云, 此語誠然乎? 果若有之, 必鳴吉之言也, 未知鳴吉稟白定奪[102]而往耶, 抑亦私自臆決[103]有如此言耶? 臣聞之, 心膽俱裂, 嗚咽不能成聲也。前後國書, 皆出於鳴吉之手, 詞極卑諂, 乃一降書也。然猶不書一臣字, 名分猶未定也。今若稱臣, 則君臣之分, 已定矣。君臣之分已定, 則惟命是從, 彼若命之

등을 지내고, 광해군의 난정을 당하여 외직에 보임되어 재령군수를 지냈다. 1616년 재령군수로 있을 때에 大北派의 음모로 일어난 海州獄事에 연루되어 투옥되었다가 곧 석방되었으나, 10여년 동안 은거하였다. 1623년 인조반정이 일어나자 동부승지가 되고, 이어 좌부승지가 되었다. 1624년 이괄의 난이 일어나자 경기도 관찰사로서 난을 평정하였다. 1628년 형조참판으로 동지의금부사를 겸하여 柳孝立의 모반사건을 잘 다스려 정2품에 올랐으며, 그해 登極使가 되어 명나라에 가서 황제의 칙서를 가지고 왔다. 다시 형조판서·우참찬 등을 지내고, 1636년 병자호란 때는 왕을 호종하였다. 이후 대사헌을 거쳐 예조판서 등을 역임하였다

101 鄭蘊(정온, 1569~1641): 본관은 草溪, 자는 輝遠, 호는桐溪·鼓鼓子. 1606년 진사가 되고, 1610년 별시문과에 급제하여 시강원겸설서·사간원 정언을 역임하였다. 임해군옥사에 대해 全恩說을 주장했다. 1614년에 永昌大君의 처형이 부당함을 상소, 가해자인 강화부사 鄭沆의 참수를 주장하다가 제주도 大靜에서 10년간 유배생활을 하였다. 1623년 인조반정으로 석방되어 이조참의·대사간·경상도관찰사·부제학 등을 역임하고, 1627년 정묘호란이 일어나자 행재소로 왕을 호종하였다. 1636년 병자호란 때 이조참판으로서 金尙憲과 함께 斥和를 주장하다가 화의가 이루어지자 사직하고 덕유산에 들어가 은거하다가 5년 만에 죽었다.

102 定奪(정탈): 신하들이 올린 몇 가지의 논의나 계책 중에서 임금이 가부를 논하여 그 어느 한가지만을 택함.

103 臆決(억결): 근거 없이 추측하여 결정함.

出降, 則殿下其將出降乎? 彼若命之北去, 則殿下其將北去乎? 彼若命之易服行酒, 則殿下其將易服行酒乎? 不從則彼必以君臣之義, 聲罪致討, 然則國已亡矣。到此地頭, 殿下其何以處之乎? 自古及今, 天下國家, 安有長存而不亡者乎? 與其屈膝於犬羊而生, 曷若守正而死社稷乎? 況父子君臣, 背城一戰, 則萬無[104]完城之理也。我國之於中朝, 非如麗季之於金元, 父子之恩, 其可忘乎? 君臣之義, 其可背乎? 天無二日而鳴吉欲二其日, 民無二主而鳴吉欲二其主, 是可忍也, 孰不忍也? 臣身疲力弱, 雖不能以手板[105]擊之, 而不欲相容於同席之間。伏願痛斥鳴吉之言, 以正賣國之罪."云云。

○虜求斥和之臣甚急, 備局引見, 以洪翼漢爲斥和之首, 自其平壤任所, 押送胡國。使甑山縣監邊大中[106], 定差押去, 結縛拘留, 困之百端。如有一分人心者, 豈忍如是耶? 校理吳達濟·修撰尹集, 聯名上疏, 以斥和自首。參判鄭蘊, 亦上疏曰: "主辱已極, 臣死當矣。臣雖非首請斬使裂書之人, 終始主戰, 則臣實有之。請以臣應虜人之求."云云。洪翼漢到義州, 府尹林慶業[107], 親解

---

104 萬無(만무): 不無의 오기인 듯.

105 手板(수판): 笏. 벼슬아치가 임금을 만날 때 손에 쥐던 물건.

106 邊大中(변대중, 생몰년 미상): 1627년 副司直, 1632년 慶尙左道兵馬虞候를 지냈다. 1637년 2월 12일 밤에 平安道都事 田闢이 勅旨를 받고 당시 甑山縣令이었던 변대중을 시켜 평양 豆里島에서 洪翼漢을 체포하여 청나라 진영으로 압송하게 하였다. 1648년 영암군수·충익위장·南虞候로 삼았다.

107 林慶業(임경업, 1594~1646): 본관은 平澤, 자는 英伯, 호는 孤松. 1618년 동생

其縛, 執其手, 涕泣曰: "君是天下大丈夫也." 解其裘衣之, 行裝一一備送之。金瑬·洪瑞鳳·李弘胄[108]入侍, 金瑬請以金尙憲·鄭

林嗣業과 함께 무과에 급제하였다. 함경도 甲山에서 근무하였고 1620년 小農堡權管, 1622년 중추부첨지사를 거쳐 1624년 鄭忠信 휘하에서 李适의 난을 진압하며 무관으로 두각을 나타냈다. 1626년 전라도 樂安郡守, 1627년 정묘호란 때 後金이 쳐들어오자 左營將으로 서울로 진군하여 강화에 갔으나 이미 화의가 성립된 후였기에 싸워보지 못하고 낙안으로 되돌아왔다. 1630년 平壤中軍으로서 劍山城과 龍骨城을 수축하였고, 1633년 淸北防禦使 겸 寧邊府使로 白馬山城과 義州城을 수축하는 한편 椵島에 주둔한 명나라 都督 劉興治의 군사를 감시, 그 준동을 막았다. 1633년 평안도 淸川江 북쪽을 방어를 담당하는 청북방어사 겸 영변부사로 白馬山城과 義州城을 수축했으며, 孔有德 등 명나라에 반역하고 후금과 내통한 세력을 토벌하여 명나라로부터 '總兵'이라는 벼슬을 받았다. 1634년 義州府尹이 되었으며, 1636년 당시 도원수였던 金自點이 그의 복직을 간하여 의주부윤으로 복직되었다. 같은 해 병자호란 때 청나라(후금)이 다시 압록강을 쳐들어 왔으나 이번에는 임경업이 지키고 있는 백마산성을 피해 서울로 곧바로 진격하였다. 임경업은 청나라 군대의 진로를 차단하고 일전을 기다렸으나 싸워보지 못했다. 결국 南漢山城까지 포위되어 조선은 항복을 선언하였다. 임경업은 압록강에서 철군하는 청나라의 배후를 공격하여 적의 기병 약 300기를 섬멸하고 포로로 끌려가던 양민 100여 명을 구출하였다. 그 후 청나라가 명나라 군대를 치기 위해 병력을 요청하자 水軍將에 임명되어 참전했으나 명나라와 내통하여 피해를 줄이게 했으며 철저한 親明排淸派 武將이었다. 1643년 명나라에 망명하여 청나라와 싸우다 생포되었으며, 1646년 仁祖의 요청으로 조선으로 압송되어 형틀에서 장살되었다.

108 李弘胄(이홍주, 1562~1638): 본관은 全州, 자는 伯胤, 호는 梨川. 1582년 진사시에 합격, 의금부 낭관이 되고, 1594년 별시 문과에 급제, 주서·교산찰방을 거쳐 예조·병조·이조 좌랑을 역임하였다. 1609년 부수찬·교리·의주부윤·안동부사를 거쳐, 1618년 전라도를 순찰하고 돌아와 형조참판이 되었다. 1619년 謝恩使로 명나라에 다녀왔으며, 다시 陳奏使가 되었으나 병으로 사직하였다. 1621년 함경도 관찰사로 나갔다가 예조참판에 이어 1624년 도승지가 되었다. 그해 李适의 난이 일어나자 도원수 張晩을 도와 큰 공을 세웠고, 이괄의 난이 진압된 후 장만의 병이 위독해지자 그의 후임으로 도원수가 되었다. 胡太監接伴使·대사헌·전주부윤·도승지·병조판서를 지냈다. 1636년 병자호란이 일어나 적들이 西門 밖까지

薀·吳達濟·尹集·尹煌·金益熙[109]·鄭雷卿[110]·李行遇[111]等十一人[112], 出送虜陣。蓋虜以斥和臣, 洪翼漢之外, 更無所送, 不可講

이르자 왕의 國書를 가지고 적진으로 들어가 국서를 전하고 화의 교섭을 벌였으나 항복은 끝까지 반대하였다.

109 金益熙(김익희, 1610~1656): 본관은 光山, 자는 仲文, 호는 滄洲. 金長生의 손자이고, 참판 金槃의 아들이다. 1633년 증광문과에 급제, 副正字에 등용되고 檢閱을 거쳐 다시 승문원에 전임되었다. 1636년 병자호란 때 斥和論者로서 화의를 반대하고, 인조를 따라 남한산성에 가서 督戰御使가 되었다. 이듬해 校理·執義로 임명되고, 효종 때 승지·대사성·대사헌에 올랐다. 1656년 형조판서를 거쳐 대제학이 되었다.

110 鄭雷卿(정뇌경, 1608~1639): 본관은 溫陽, 자는 震伯, 호는 雲溪. 宋浚吉과 南九萬의 이종사촌 형이다. 1630년 별시 문과에 장원으로 급제해 성균관전적이 되고, 그 뒤 공조·예조·병조의 좌랑을 거쳐 부수찬·수찬 및 지평·정언 등의 언관을 역임하였다. 1636년 병자호란으로 왕이 남한산성에 피난갈 때 교리로 扈從하였다. 그 이듬해 봄에 인조가 청나라 태종에게 항복한 뒤, 昭顯世子가 볼모로 청나라 瀋陽에 잡혀가게 되자 자청하여 수행하였으며, 1639년에 필선으로 승진하여 심양에서 세자를 보위하였다. 청나라 관헌에 잡혀 처형당하였다.

111 李行遇(이행우, 1606~1651): 본관은 全義, 자는 士會, 호는 水南. 1633년 증광문과에 급제, 예문관검열·대교를 거쳐 1635년 정언, 1636년 이조 좌랑에 제수되었다. 병자호란이 일어나자 督戰御史 종사관으로 활약한 공으로 准職에 제수되었고, 1638년 수찬에 올랐다. 그 뒤에 三司의 직을 두루 수행하였고, 1643년 동부승지·우부승지, 1644년 좌부승지·이조참의, 대사간·부제학·지평 등을 역임하였다.

112 十一人(십일인): 金壽翼·尹文擧·洪瑑 3명이 누락됨. 김수익(1600~1673)의 본관은 安東, 자는 星老, 호는 靑岳. 1624년 사마시에 합격하고 1630년 별시에 급제, 성균관전적을 거쳐 知製敎와 三司의 직을 역임하였다. 1636년 병자호란 때 인조를 남한산성으로 호종하였다. 화의가 성립된 후 척화론자로서 고향에 돌아가 있다가 1640년에 괴산군수가 되었다. 1645년에 應敎를 거쳐 의주부윤을 지냈다. 1648년에 병조참의에 임명되고, 이듬해 제주목사로 부임하였으나 탐관오리로 탄핵을 받아 영남에 유배되었다가, 李景奭과 李時白의 변호로 1658년 방환되었다. 윤문거(1606~1672)의 본관은 坡平, 자는 汝望, 호는 石湖. 아버지는 대사간

和云, 故塗難以取舍, 混以爲請, 上亦許送。大諫朴璜[113], 見金塗, 曰: "雖數人可以塞責[114], 不須多至十餘人。吳尹亦主斥和, 與其多送, 不若此少送之爲愈也." 只送吳尹者, 從朴璜之言也。吳尹將出虜陣, 略無戚容, 上引見, 痛哭賜酒曰: "汝等父母妻子, 予當顧恤." 吳尹亦流涕拜謝。鳴吉領去, 謂吳尹, 曰: "若從吾言, 當無事."云, 盖諂諛伏罪, 多引黨類之言也。吳尹不答, 到虜陣, 鳴吉以帶縛兩人, 親自獻之, 汗賜鳴吉貂裘又酒, 嘉奬歸順之意。執吳尹, 問之曰: "汝何事敗[115]兩國之盟乎?" 吳曰: "我國之於大明, 臣事三百年, 只知有大明, 不知有淸國, 身爲臺諫, 安得不斥之乎?" 尹亦從容直說, 少無諂屈之辭。及起送[116]瀋中也, 尹於

尹煌이다. 1630년 생원이 되고, 1633년 식년문과에 급제하여 檢閱·부교리 등을 지냈다. 1636년 병자호란 때 사간원정언으로 斥和議를 陳啓하였고, 그해 12월 청나라가 침입하자 아버지를 따라 인조를 남한산성으로 扈駕하였다. 1652년 동래부사를 지냈다. 홍탁(1606~1665)의 본관은 南陽, 자는 伯潤, 호는 竹巖. 1636년 병자호란이 일어나자 척화를 주장하였다.

113 朴璜(박황): 朴潢(1597~1648)의 오기. 본관은 潘南, 자는 德雨, 호는 儒軒·儒翁. 생부는 朴東說, 양부는 朴東彦이다. 洪瑞鳳의 사위이다. 1621년 정시 문과에 급제하고 1623년 인조반정 이후 1624년 검열에 등용되어 대사간·이조참의를 지냈다. 1637년 병자호란 이후 청나라에서 斥和臣 17명을 보낼 것을 강요했으나 2명만 보내면 족하다고 주장하여 실행하게 하고, 볼모로 가는 昭顯世子를 호종하여 瀋陽까지 다녀왔고, 1638년 대사헌에 병조판서를 역임하였다. 1644년 沈器遠의 역모사건에 연루되어 김해에 유배되었으나 곧 풀려나서 전주부윤을 지냈다.

114 塞責(색책): 허물이나 잘못에 대해 책임을 지는 일.

115 事敗(사패): 使敗의 오기.

116 起送(기송): 사람을 보냄. 죄인을 호위하여 보낸다는 뜻이다.

路中, 謂吳曰: "備盡窘辱而死於虜地, 曷若死於我地耶?" 吳曰: "不可。人生斯世, 固有一死, 死得其所, 明我節義, 豈非樂事? 何必效匹夫之諒[117]乎?" 尹亦笑而頷之。洪瑞鳳, 往虜陣, 龍馬出示江都所獲, 長陵守陵[118], 宗室珍原君[119]云。以二十二日, 陷江都, 擄大君兄弟[120]及淑儀[121]·嬪宮[122]一行, 到通津[123], 持大君手書及

---

117 諒(양): 하찮은 의리를 지키는 일. 작은 일에 구애되는 진실.

118 長陵守陵(장릉수릉): 長陵守陵官 洪寶(1585~1643)를 가리킴. 본관은 豊山, 자는 汝時, 호는 月峰. 1609년 진사시에 합격, 禁火司別坐·한성부 參軍을 지낸 후 1615년 부친상으로 사직하였다가 광해군의 亂政에 실망, 벼슬을 단념하고 洒川에 낙향하였다. 1623년 알성문과에 장원, 典籍·수찬·장령을 역임, 1627년 原州牧使가 되었다. 그해 李仁居가 난을 일으키자 그를 원주에서 체포, 난을 진압하여 昭武功臣으로 豊寧君에 봉해졌다. 1632년 奏請使로 명나라에 다녀오고, 1635년 仁烈王后의 守陵官에 임명되었는데 1636년 병자호란 때 수릉관으로서 강화도에 있었기 때문에 병화를 피할 수 있었다. 1638년 陳奏使로 청나라에 다녀왔으며, 그 후 형조판서를 거쳐 左參贊에 이르렀다. 원문의 長陵은 仁祖의 元妃 인열왕후를 가리킨다.

119 珍原君(진원군): 李世完(1603~1655)의 봉호. 본관은 全州, 자는 子固, 成宗의 4대손 靈川君 李侹의 아들. 1635년 인열왕후가 죽자 享官으로서 魂殿을 지켰다. 1636년 병자호란 때는 왕실의 신위를 모시고 먼저 강화도로 들어갔다. 그때 한방에 거처하던 鳳林大君이 시국에 대한 대책을 묻자 끝까지 적과의 화친을 반대하고 사신을 남한산성에 보내야 된다고 주장하였다.

120 大君兄弟(대군형제): 鳳林大君과 麟坪大君. 봉림대군(1619~1659)은 李淏로, 본관은 全州, 자는 靜淵, 호는 竹梧. 1636년 병자호란 이후 약 8년간을 昭顯世子와 함께 瀋陽에서 볼모로 있었다. 귀국 후 형을 대신해 세자로 책봉되었다가 1649년 국왕에 즉위하였다. 왕위에 있을 때 北伐을 위해 군비 확장과 재정 확대 등에 주력하였다. 仁祖의 둘째 아들이며, 어머니는 仁烈王后이다. 妃는 우의정 張維의 딸 仁宣王后이다. 인평대군(1622~1658)은 李㴭로, 본관은 全州, 자는 用涵, 호는 松溪. 1629년 인평대군에 봉해졌으며, 1636년 병자호란 때는 강화도로 봉림대군과 피난하였다. 1640년 볼모로 瀋陽에 갔다가 이듬해 풀려 귀국하였다. 1650년

前相尹昉[124]狀啓，傳之。是夜，大臣入對[125]，以出城定議[126]，東陽尉申翊聖[127]，於上前，拔釖擊柱，失聲涕泣曰："請斬臣頭。如此

이후 4차례에 걸쳐 謝恩使로 청나라에 다녀왔다. 仁祖의 셋째 아들이다.

121 淑儀(숙의): 조선시대 종2품 내명부의 품계. 仁祖의 후궁 羅氏를 가리키는데, 생몰년 미상이며 자식이 없었다.

122 嬪宮(빈궁): 소현세자의 嬪. 姜碩期의 딸인 愍懷嬪 姜氏. 보통 姜嬪이라고 부른다.

123 通津(통진): 경기도 김포군 월곶면 곤하리에 있는 옛 읍. 한강 입구를 지키는 제1의 요채처로서 군사와 정치의 요충지였다.

124 尹昉(윤방, 1563~1640): 본관은 海平, 자는 可晦, 호는 稚川. 1582년 진사가 되고, 1588년 식년문과에 급제하여 승문원정자에 임명되고, 이어 예문관검열 겸 춘추관기사관을 거쳐 봉교·예조좌랑이 되었다. 1592년 임진왜란이 일어나자 예조 정랑으로 宣祖를 호종하였다. 1597년 정유재란이 일어나자 巡按督察이 되어 군량 운반을 담당하였다. 1601년 부친상을 마친 뒤 冬至使로 명나라에 다녀와서 곧 海平府院君에 봉해졌다. 1623년 인조반정 후 예조판서로 등용되고, 이어 우참판으로 판의금부사를 겸하였으며, 곧 우의정에 올랐다. 다시 좌의정으로 있을 때 李适의 난이 일어나자 이를 진압하고 민심을 수습하는 데 공헌하였으며, 1627년 영의정이 되었다. 그해 정묘호란이 일어나자 仁祖의 피난을 주장하여 강화에 호종하였고, 영의정에서 물러나 판중추부사를 역임하고 1631년 다시 영의정이 되었다. 1636년 병자호란이 일어나자 廟社提調로서 40여 神主를 모시고 嬪宮·鳳林大君과 함께 강화로 피난하였다. 그러나 신주 봉안에 잘못이 있었다 하여 탄핵을 받고 1639년 연안에 유배되었다.

125 入對(입대): 궁중에 들어가 임금을 뵙고 자문에 응하는 일.

126 定議(정의): 議定의 오기.

127 申翊聖(신익성, 1588~1644): 본관은 平山, 자는 君奭, 호는 樂全堂·東淮居士. 宣祖의 사위이고, 斥和五臣의 한 사람이다. 12세에 선조의 딸 貞淑翁主와 결혼하여 東陽尉에 봉해졌다. 1606년 五衛都摠府副摠管이 되었다. 광해군 때는 廢母論에 반대하여 벼슬이 박탈되었다. 1623년 인조반정 후 재등용 되고, 1624년 李适의 난 때는 3宮을 호위했고, 1627년 정묘호란에는 세자를 호위하여 전주로 피란하였으며, 1636년 병자호란 때 왕을 호종하고 남한산성에 있으면서 끝까지 척화를 주장하였다. 主和派 대신들이 세자를 청나라에 볼모로 보내자고 하자, 칼을 뽑아 대신들을

然後，定議."云云。

○出城之議已定，前禮判金尙憲，自縊將死[128]，羅萬甲聞而馳見，則將至絶命之境。羅手自解之，盡去可繫之物，使左右扶持，得免於死。前吏判鄭蘊，亦以死自決，作詩繫於衣帶，曰："生世何險巇，三旬月暈[129]中，一身無足惜，千乘奈云窮，外絶覲王士，朝多賣國凶，老臣何所事，腰下佩雙鋒[130]." 又有贊曰："主辱已極，臣死何遲，一釰得仁，視死如歸." 卽以佩刀刺腹，幸而不死，羅萬甲又馳往見之，則鄭大笑曰："古人有伏釰而死，伏則犯五臟，臥則不犯五臟，今而後，始知古人伏釰之義." 略無慽容。

○前吏判鄭蘊，上疏曰："臣之自決，正不忍見殿下今日之事，一縷殘命，三日猶存，臣實怪之。鳴吉旣使殿下稱臣出降，君臣之分已定矣。臣之於君，非徒承順之爲恭，可爭則爭之可也。彼若求納皇明之印，殿下當爭之曰：'祖宗受用此印，今將三百年矣。當納之於明朝，不可納於淸國.'云，彼若求攻天朝之兵，殿下當爭之曰：'我國之於明朝，實有父子之恩，淸國亦知之矣。敎其

위협하기까지 하였다. 호종의 공으로 재상과 같은 예우를 받고, 1638년에는 오위도총부도총관을 제수했으나 사퇴하였다. 1642년 崔鳴吉·金尙憲·李敬輿 등과 함께 瀋陽에 붙잡혀가 억류당했으나 조금도 굴하지 않았다. 昭顯世子의 주선으로 풀려나왔다.

128 自縊將死(자액장사): 스스로 목을 메어 곧 죽을 것 같은 상태.

129 月暈(월훈): 달의 주위를 에워싼 달무리처럼 적에게 포위된 孤城을 일컫는 말.

130 雙鋒(쌍봉): 鄭蘊의 문집《桐溪集》권1〈山城〉에 霜鋒으로 나옴. 이에 따라 번역한다.

子而攻其父, 有關於倫紀, 非但攻之者有罪, 教之者亦有罪.'云, 則雖以彼之凶狡, 亦必諒矣。伏願殿下, 以此數者爭之, 不爲得罪於天下後世."云云。

○正月三十日, 上與世子, 衣藍戎服, 出西門。汗陣於三田浦[131], 設九層階, 張黃幕, 盛陳兵威, 上行三拜九叩頭[132]之禮, 汗設酒饌, 動軍樂, 贈上貂裘兩襲, 大臣及承旨各一襲, 上服其一襲, 行謝於庭。是日還京, 亦許淑儀[133], 獜平及夫人[134], 並爲入城, 東宮·嬪宮, 鳳林與夫人[135], 將入瀋中, 故仍留陣中。上將行三拜九叩頭之禮, 牽衣涕泣者, 惟申翊聖一人, 汗賜饌於我君臣, 時群臣饑餓, 皆莫不取食, 獨不食, 亦東陽尉申翊聖一人而已。

○二月初一日, 罷兵。二日, 汗乃歸。三日, 龍馬[136]及鄭命壽[137],

---

131 三田浦(삼전포): 三田渡. 1439년에 신설되어 한강 상류의 남안에 위치하여 도성과 남한산성을 연결하던 나루. 조선시대 한강에 설치된 최초의 나루이다.

132 三拜九叩頭(삼배구고두) : 세 번 절하고 머리를 아홉 번 땅에 닿게 꾸부리는 예절. 한 번 절하여 세 번 머리를 땅에 닿게 하므로 세 번 절하면 아홉 번 叩頭가 된다.

133 許淑儀(허숙의): 조선의 15대 왕인 光海君의 후궁. 본관은 陽川이며, 아버지는 許儆이고 어머니는 申守一의 딸 平山申氏이다.

134 夫人(부인): 인평대군의 부인으로 同福吳氏 吳端의 딸 福川府夫人.

135 夫人(부인): 봉림대군의 부인으로 德水張氏 張維의 딸 豊安府夫人.

136 龍馬(용마): 龍骨大와 馬夫大.

137 鄭命壽(정명수, ?~1653): 병자호란 당시 청나라에 조선의 사정을 밀고한 모반인. 평안도 殷山 출신이다. 할아버지는 鄭之謙이고 아버지는 鄭晥이다. 賤隷 출신으로 성품이 교활하였다. 광해군 때 강홍립 장군의 군대를 따라 청나라에 갔다가 포로로 잡힌 그는 세작 노릇을 충실히 수행하여 황제의 신임을 얻었다. 역관 신분으로 조선에 출정한 그는 청나라 사람들보다도 더 조선 사람을 괴롭히고 행패가 심했다.

來闕下, 領相金瑬, 出待之。瑬曰: "今則吾兩國爲父子, 何言不從? 此後, 攻椵島[138]·擊南朝, 惟命是從."云云, 仍抱鄭命壽, 曰: "與判事, 事同一家, 判事所請, 我豈不從? 妾女贖還事, 判事須十分宣力." 命壽苦之, 拂衣而去。盖瑬之妾女被虜, 故瑬所以納媚[139]於命壽者如此, 而胡俗, 以抱腰爲親切之故也。李聖求笑謂命壽, 曰: "吾子不久, 當入質於瀋陽, 令須愛之如子也." 問答之際, 命壽曰: "台言之出於口者, 反不如我肛門出也." 聖求不以爲恥也。大駕出城後, 金尙憲歸安東[140], 鄭蘊歸安陰[141], 皆不隨駕, 皆不告歸, 時之主和者, 非之。其後, 柳碩[142]·朴啓榮[143]啓曰: "金尙憲, 方君父陷不測之日, 抽身遠走, 越視[144]王室, 要名取義, 無君不道之罪, 不可不懲." 李汝翊[145]·李道長[146], 啓曰: "鄭蘊, 刺刃

---

138 椵島(가도): 평안북도 철산군 가도리에 딸린 섬. 皮島라고도 한다.

139 納媚(납미): 남의 환심을 사려고 아첨함.

140 安東(안동): 경상북도 북부 중심에 있는 고을. 동쪽은 영양군·청송군, 서쪽은 예천군, 남쪽은 의성군, 북쪽은 영주시·봉화군과 접한다.

141 安陰(안음): 경상남도 함양 지역의 옛 지명.

142 柳碩(류석, 1595~1655): 본관은 晋州, 자는 德甫, 호는 皆山. 1613년 진사를 거쳐 1625년 별시문과에 병과로 급제하여, 사헌부·사간원 등의 관직을 역임한 뒤 강원감사를 역임하였다. 1636년 병자호란 때 斥和를 주장한 대부분의 중신들이 도망가고 이듬해 삼전도에서 인조가 항복하자, 1638년 당시 사헌부 장령으로 예조 판서 金尙憲을 탄핵하였다.

143 朴啓榮(박계영, 1597~?): 본관은 密陽, 자는 仁甫. 아버지는 朴震元이다. 1624년 식년시에 급제하였고, 1630년 식년시 문과에 급제하였다. 정언, 지평, 장령, 상의원 정, 첨지중추부사 등을 지냈다.

144 越視(월시): 남의 환난을 모르는 체하고 돌아보지 않음.

不死, 義當來覲, 而邁邁[147]歸臥, 不念君父之罪, 不可不懲."云。人心世道, 豈至此乎? 前參議鄭弘溟[148], 起義於全羅之昌平[149], 至公州[150], 聞下城之報, 痛哭而罷兵, 覲王而還。澤堂李植[151], 於出

---

145 李汝翊(이여익, 1591~1650): 본관은 碧珍, 자는 棐卿. 1630년 식년시 문과에 급제하였다. 1638년 장령, 1639년 정언을 거쳐, 1644년 사은사 李敬輿의 종사관으로 심양에 다녀와서, 양산군수를 지냈다.

146 李道長(이도장, 1603~1644): 본관은 廣州, 자는 泰始, 호는 洛村. 張顯光의 문인이다. 1630년 식년문과에 급제, 承文院權知正字에 등용되고 沙斤道察訪·注書 등을 역임, 1636년 다시 주서로 복직하고, 병자호란이 일어나자 史官으로서 어가를 따랐으며, 또한 치욕적인 강화 체결 후 청나라에서 斥和主張者의 명단을 요구하자 전후좌우에서 척화자의 명단을 빠짐없이 불렀으나 척화주장자로 이름이 드러난 三學士 이름만 쓰고 붓을 놓으며 "敵의 요구는 사람 수를 정한 바 없는데 우리 스스로 많은 사람을 올려 희생을 늘릴 필요가 없다."고 하여 많은 인명을 구하였다고 한다.

147 邁邁(매매): 돌아보지 아니하는 모양. 떠나려고만 함.

148 鄭弘溟(정홍명, 1582~1650): 조선 중기의 학자. 본관은 延日, 자는 子容, 호는 畸庵·三癡. 아버지는 우의정 鄭澈이며, 어머니는 文化柳氏로 柳强項의 딸이다. 정철의 4남이자 막내아들이다. 宋翼弼·金長生의 문인이다. 1616년 문과에 급제, 승문원에 보임되었으나 반대당들의 질시로 고향으로 돌아가 독서와 후진 양성에 힘썼다. 1623년 예문관검열을 거쳐, 홍문관의 정자·수찬이 되었다. 1624년 李适의 난이 일어나자, 임금을 모시고 공주까지 몽진 갔다 돌아와 사간원의 정언·헌납과 교리, 이조정랑을 거쳐 의정부의 사인으로 휴가를 받아 湖堂에 머물면서 독서로 소일하였다. 1627년에 사헌부집의·병조참지·부제학·대사성을 역임하고, 자청해서 김제군수로 나가 선정을 베풀었다. 仁烈王后 상을 마친 뒤 예조참의·대사간에 임명되었으나 모두 사양하고 고향으로 돌아갔다. 1636년 병자호란이 일어나자 召募使로 활약하였다. 적이 물러간 뒤 고향으로 돌아가 벼슬을 사양하다가 다시 함양군수를 지내고, 1646년 대제학이 되었으나 곧 병이 들어 귀향하였다. 1649년 인조가 죽자 억지로 불려 나왔다가 돌아갈 때 다시 대사헌·대제학에 임명되었으나 모두 나가지 않았다.

149 昌平(창평): 전라남도 담양군 남부에 있는 고을.

城之後，亦不告而走，入永春[152]，時其老母，避亂於此。

○[153]去邠[154]之初，以金慶徵[155]爲檢察使，其父瑬之所薦也，以

150 公州(공주): 충청남도 동부 중앙에 있는 고을. 동쪽은 세종특별자치시·대전광역시, 서쪽은 예산군·청양군, 남쪽은 계룡시·논산시·부여군, 북쪽은 아산시·천안시와 접한다.

151 李植(이식, 1584~1647): 본관은 德水, 자는 汝固, 호는 澤堂. 1610년 별시문과에 급제했다. 1613년 세자에게 經史와 道義를 가르친 정7품에 해당하는 設書를 거쳐 1616년 北評事가 되었다. 이듬해에 선전관을 지냈다. 1623년 인조반정이 일어난 뒤 교분이 두터운 친구들이 집권하게 되자 요직에 발탁되어 이조좌랑에 등용되고, 1625년에 예조참의·동부승지·우참찬 등을 역임하였으며, 1632년까지 대사간을 3차례 역임하였다. 私親追崇이 예가 아님을 논하다가 인조의 노여움을 사 杆城縣監으로 좌천되었다. 1633년에 부제학을 거쳐 1636년 대제학과 예조참판·이조참판을 역임하였다. 1642년 金尙憲과 함께 斥和를 주장한다 하여 瀋陽으로 잡혀갔다가 돌아올 때 다시 의주에서 잡혀 갇혔으나 탈출하여 돌아왔다. 1643년 대사헌과 형조·이조·예조의 판서 등을 역임하였다.

152 永春(영춘): 충청북도 단양군 영춘면 상리 고을 일대.

153 역주자가 표시함.

154 去邠(거빈): 임금이 전란을 피해 도성을 버리고 다른 곳으로 옮겨가는 것. 周나라 太王이 오랑캐의 침입을 피하여 도성 邠을 버리고 岐山 밑으로 옮겨 간 고사에서 유래하였다.

155 金慶徵(김경징, 1589~1637): 본관은 順天, 자는 善應. 昇平府院君 金瑬의 아들이다. 1623년 개시문과에 급제하였고, 뒤에 도승지를 거쳐 한성부 판윤이었을 때 병자호란이 일어나자 강도검찰사에 임명되었다. 당시 섬에는 빈궁과 원손 및 鳳林大君·麟坪大君을 비롯해 전직·현직 고관 등 많은 사람이 피난해 있었다. 하지만 그는 혼자서 섬 안의 모든 일을 지휘, 명령해 대군이나 대신들의 의사를 무시하였다. 또한 강화를 金城鐵壁으로만 믿고 청나라 군사가 건너오지는 못한다고 호언하며, 아무런 대비책도 강구하지 않은 채 매일 술만 마시는 무사안일에 빠졌다. 그러다가 청나라 군사가 침입한다는 보고를 받고도 아무런 대비책을 세우지 않다가 적군이 눈앞에 이르러서야 서둘러 방어 계책을 세웠다. 하지만 군사가 부족해 해안의 방어를 포기하고 강화성 안으로 들어와 성을 지키려 하였다.

李敏求[156]爲副使，以張紳[157]爲留守兼守舟師，往守江都。慶徵之入江都也，厥母及妻子，各乘彩轎，婢子皆着剪帽[158]，卜駄五十餘

그런데 백성들마저 흩어져 성을 지키기 어렵게 되자 나룻배로 도망해 마침내 성이 함락되었다. 대간으로부터 강화 수비의 실책에 대한 탄핵을 받았는데, 仁祖가 元勳의 외아들이라고 해 특별히 용서하려 했으나 탄핵이 완강해 賜死되었다.

156 李敏求(이민구, 1589~1670): 본관은 全州, 자는 子時, 호는 東洲. 이조판서 李睟光의 아들이고, 영의정 李聖求의 아우이다. 1609년 사마시에 수석으로 합격해 진사가 되고, 1612년 증광 문과에 장원급제해 수찬으로 등용되었다. 이어서 예조·병조좌랑을 거쳐 1622년 持平이 되고, 이듬해 宣慰使로 일본 사신을 접대하였다. 1624년 李适의 난이 일어나자 도원수 張晩의 從事官이 되어 난을 평정하는 데 공을 세웠다. 1626년 대사간이 되고, 이듬해 정묘호란이 일어나자 병조참의가 되어 세자를 모시고 남쪽으로 피난하였다. 그해 승지가 되었다가 외직인 임천군수로 나갔다. 1636년 이조참판·同知經筵事를 역임하였고, 병자호란이 일어나자 화의를 주장하다가 尹集의 논박을 받고 중지하였으며, 檢察副使가 되어 嬪宮을 호위하고 강화도에 들어갔다. 그런데 충청감사 鄭世規가 근왕병을 이끌고 왔다가 죽자, 남한산성의 조정은 이민구를 대신 충청감사로 임명했다. 하지만 강화도에서 나가면 죽을 것을 염려하여 갖은 수단을 모두 동원하여 충청도로 부임하는 것을 회피했다. 하물며 처삼촌인 전 영의정 尹昉의 힘까지 동원하여 끝내 부임하지 않은 것으로 알려졌다. 그리하여 화의 후에 돌아와 경기도관찰사가 되었으나 강화 함락의 책임으로 영변에 귀양을 가서 圍籬安置되어 종시 풀리지 못하고 사망했다.

157 張紳(장신, 1595~1637): 본관은 德水. 이조와 형조 판서를 지낸 張雲翼의 아들이고, 우의정을 지낸 張維의 동생이다. 1623년 인조반정 때 장인인 훈련대장 李興立을 형 장유와 함께 설득하여 반정에 참여시켰고, 그 자신도 반정군으로 왕궁에 진입하였다. 이후 楊州牧使 등을 역임한 후에 1627년 황해도관찰사로 있으면서 청나라의 침입에 대비하여 黃州城을 수축하였다. 1636년 강화유수로 전임되었다. 그해 12월 병자호란을 당하여 江都방위를 맡게 되었는데, 전세가 불리하여지자 왕실과 노모를 버리고 먼저 도망하여 강도가 함락되었다. 사헌부에서 그를 참할 것을 주장하였으나 전일의 공로를 생각하여 자진하게 하였다.

158 剪帽(전모): 지삿갓. 여자나 하인들이 쓰는 갓의 한 가지.

匹, 盡用京畿馬夫。有一婢, 騎馬足蹶見落, 慶徵以爲不善保護, 杖京畿陪吏於道左, 觀者莫不駭之。副使李敏求·從事洪命一[159], 先入江都。原任大臣尹昉, 主廟社主, 與原任金尙容[160]等四十人, 奉嬪宮·元孫·淑儀·兩大君夫人·駙馬·公主, 皆入江都。嬪宮, 到甲串[161]津, 不得渡, 兩晝夜, 留在岸上, 三日凍餒。檢察使之船, 皆在越邊, 不能相通, 嬪宮親自大呼曰: "慶徵慶徵, 何忍爲

---

159 洪命一(홍명일, 1603~1651): 본관은 南陽, 자는 萬初, 호는 葆翁. 영의정 洪瑞鳳의 아들이다. 1630년 진사가 되고, 1633년 증광문과에 급제한 뒤 翰林待敎·이조정랑 등을 지내고, 수찬에 올랐다. 1636년 중시문과에 급제하였으며, 그해 병자호란이 일어나자 강화도를 지키기 위하여 검찰사 金慶徵의 副將 李敏求의 從事官이 되어 싸웠다. 또한 金尙憲·鄭蘊 등과 척화론을 주장하였으며, 이들이 남한산성에서 내려오는 왕을 따르지 않았다는 죄명으로 난이 끝난 뒤 척화론자들의 처벌이 논의될 때 응교로서 부제학 李檠 등과 함께 그들을 변호하였다. 그 뒤 장령·필선을 거쳐 대사성에 이르렀으며, 寧安君에 습봉되었다.

160 金尙容(김상용, 1561~1637): 본관은 安東, 자는 景擇, 호는 仙源·楓溪·溪翁. 좌의정 金尙憲의 형이고, 좌의정 鄭惟吉의 외손이다. 1582년 진사가 되고, 1590년 증광문과에 급제하여 檢閱에 등용되었으며, 相臣 鄭徹·판서 金瓚의 종사관으로 있었다. 兵曹佐郞·應敎 등을 역임하고, 원수 權慄의 종사관으로 호남지방을 왕래하였으며, 1598년 승지가 되고, 그해 겨울 聖節使가 되어 명나라에 다녀왔다. 대사성을 거쳐 定州·尙州의 牧使를 역임하고, 광해군 때 도승지에 올랐으며, 1623년 인조반정 후 집권당인 西人의 한 사람으로 敦寧府判事를 거쳐 예조·이조의 판서를 역임하고, 1627년 정묘호란 때는 留都大將으로 있었다. 1632년 우의정에 임명되자 거듭 사양하여 허락받았다. 1636년 병자호란 때 廟社主를 받들고 빈궁과 원손을 수행하여 강화도에 피난하였다가 성이 함락되자 성의 南門樓에 있던 화약에 불을 지르고 순절하였다.

161 甲串(갑곶): 경기도 강화군 강화읍에 있는 어촌. 강화도 북부 鹽河의 서안에 있다. 고려 高宗이 元나라의 침입을 받아 강화도로 피란할 때 이곳이 갑옷만 벗어 쌓아 놓아도 건널 수 있을 만큼 얕다고 하여서 갑곶이라는 지명이 생겼다고 한다.

此?” 張紳聞於慶徵, 艱濟嬪宮以下, 而其他士民避亂者, 一不得渡, 賊奄至驅逐, 殆無遺類。慶徵, 運通津·金浦[162]國穀, 名爲賑救島中, 而慶徵親舊·一家外, 無一人得食者。慶徵自謂賊不得渡, 日與李敏求, 朝夕宴樂, 只以盃酒爲事, 不以君父爲念。大臣或有所言, 則(曰)[163]: “避亂大臣, 何敢指揮?” 大君或有所言, 則曰: “當此危疑之地, 大君何可與焉?” 以此, 大君及大臣, 莫敢開口。別坐權順長[164], 進士金益兼[165]·尹宣擧, 上書於慶徵·敏求, 曰:

---

162 金浦(김포): 경기도 북서부에 있는 고을. 동쪽은 한강을 경계로 파주시·고양시, 서쪽과 남쪽은 인천광역시, 동남쪽은 서울특별시, 북쪽은 한강을 사이에 두고 북한의 개풍군과 접한다.

163 누락된 듯.

164 權順長(권순장, 1607~1637): 본관은 安東, 자는 孝元. 1624년 진사가 되고, 음보로 의금부도사·健元陵參奉·氷庫別提 등에 임명되었으나 모두 나가지 않았다. 1636년 병자호란이 일어나자 어머니를 모시고 강화로 피란갔다. 이때 檢察使 金慶徵과 유수 張紳 등이 성을 지킬 대책을 세우지 못하자, 동지들과 단합하여 의병을 일으키고 殉死할 것을 맹세하였다. 이듬해 정월 성이 함락되자 상신 金尙容 등과 함께 화약고에 불을 질러 분사하였다. 이튿날 그의 처와 누이동생이 그 소식을 듣고 목매어 자결하였으며, 아우 權順悅과 權順慶은 적과 싸우다 전사하였다.

165 金益兼(김익겸, 1614~1637): 본관은 光山, 자는 汝南. 金長生의 손자이고, 참판 金槃의 아들이다. 1635년 생원·진사 양시에 합격하였다. 1636년 후금의 태종이 국호를 청으로 고치자 이를 축하하기 위하여 春信使로 파견된 羅德憲·李廓 등이 청나라 사신 龍骨大와 함께 귀국하자, 성균관 유생들과 함께 청나라의 경축행사에 참가한 사신과 용골대의 誅殺을 주장하였다. 그해 병자호란이 일어나자 강화로 가서 섬을 사수하며 항전을 계속하였다. 그러나 전황이 불리해지고 고전을 하는 중에 江華留都大將인 金尙容이 남문에 화약궤를 가져다 놓고 그 위에 걸터앉아 自焚하려고 하였다. 이에 영의정을 지냈던 尹昉이 이 사실을 알고 달려와서 애써 만류하였으나, 김상용·권순장과 함께 끝내 자분하고 말았다.

"薪膽[166]卽事, 盃酒非時." 慶徵益怒。【上書宣擧所製】權順長, 知其事無奈何, 作義旅, 各守城堞, 李惇吾[167]·李尙吉[168], 亦同爲守堞之議, 而各分其門所。三道舟師, 無一人來者, 忠淸水使姜晉晣[169], 星夜入援。丁丑正月二十二日, 通津守, 牒報曰: "賊方向

---

166 薪膽(신담): 臥薪嘗膽. 불편한 섶에 몸을 눕히고 쓸개를 맛본다는 뜻으로, 원수를 갚거나 마음먹은 일을 이루기 위하여 온갖 어려움과 괴로움을 참고 견딤을 비유적으로 이르는 말.

167 李惇吾(이돈오): 李惇五(1585~1637)의 오기. 본관은 延安, 자는 子典, 호는 一竹. 義行으로 사림들 사이에 이름이 알려져 1608년 繕工監役에 임명되었으나 나아가지 않았다. 그 후 제릉과 선원전의 참봉, 사섬시 봉사, 세자익위사 侍直 등을 지냈다. 1617년 大北의 주도로 仁穆大妃에 대한 廢妃論이 높아지자 벼슬에서 물러났다. 1625년에 복직되어 세자익위사와 종친부 등의 여러 관직을 거쳐 종부시 주부에 이르렀고 외직은 가평군수를 지냈다. 1636년에 관직에서 사퇴하여 병자호란이 일어났을 때는 현직에 있지 않았는데도 紫燕島로 피하라는 김포수령의 권유를 뿌리치고 종묘의 신주가 모셔진 강화도로 들어갔다. 그곳에서 훈련도감 낭청에 임명되어 군기를 관리하였는데, 적이 들어오자 저항하다 1637년 1월 26일에 전사하였다. 처 김씨는 그 전날 적병이 가까워지자 떨어져 있는 남편이 순절할 것을 믿고 자결하였으며, 동생 李惇敍도 적에게 잡혔다가 자결하였다.

168 李尙吉(이상길, 1556~1637): 본관은 星州, 자는 士祐, 호는 東川. 1579년 진사가 되고, 1585년 식년 문과에 급제하였다. 1588년 감찰·호조좌랑, 1590년 병조좌랑, 사간원정언, 지제교 등을 역임하였다. 1599년 광주목사로 치적이 많아서 通政에 오르고 1602년 鄭仁弘·崔永慶을 追論하다가 6년간 豊川에 귀양갔다. 淮陽府使·安州牧使·戶曹參議를 거쳐 1617년 명나라에 갔을 때 부하를 잘 단속하여 재물을 탐내지 못하게 했으며 1618년 廢母論 일어나자 남원에 돌아가 은거했다. 1623년 인조반정 후 다시 불려 승지·병조 참의·공조 판서에 이르러 耆社에 들고 平難扈聖靖社振武原從의 공신이 되고, 1636년 병자호란이 일어나자 廟社를 따라 강화에 갔다가 1637년 청병이 강화로 육박해 오자 목매어 자살하였다.

169 姜晉晣(강진절): 姜晉昕(1592~1637)의 오기. 본관은 晉州, 자는 子果. 1617년 무과급제, 1636년 병자호란 때 충청수사로서 가장 먼저 도착하여 月串의 燕尾亭을 지키고, 장신은 廣成津을 지켰다. 1637년 1월 22일 청나라 군사가 강화도의

(江)[170]都." 慶徵曰: "江氷尙堅, 何能運船?" 謂亂軍情, 欲斬之, 甲串津把守, 亦報如此。慶徵始若驚動, 自守甲串, 軍卒不滿數百。張紳, 爲舟師大將, 向甲串, 姜晉昕率七船, 與敵力戰, 身被數矢, 張紳見敵, 無意進擊, 晉昕擊鼓揮旗, 督促張紳, 紳終不進。晉昕大呼於船上, 曰: "汝受國厚恩, 何忍爲此? 吾將斬汝." 紳終不動, 仍順流而下。本邑中軍黃善身[171], 率哨官百餘, 力戰而死。慶徵亦知其無可奈何, 乘船而走。

船上力戰, 忠憤慷慨者, 無如晉昕, 而後以不能善戰, 使賊渡江, 遂爲被誅。張紳, 使之自盡於家, 而金吾郎亦不來見, 人疑其逃生。李坰[172]·尹新之[173]·兪省曾[174], 皆在防禦所, 賊至, 乘船而走, 不過被劾

월곶과 광성진의 사이에 있는 甲串津으로 건너오니, 강진흔은 휘하의 병선 7척과 수군 200명을 거느리고 갑곶으로 가 적선 3척을 침몰시키는 등 분전하였으나, 그가 탄 戰船도 탄환을 맞았다. 다행히 광성진에서 장신의 수군이 올라왔으나, 장신이 적의 배후를 공격하다가 청군의 공격을 받자 후퇴해 버린다. 이때 강진흔이 "네가 나라의 두터운 은혜를 입고서도 어찌 차마 이럴 수가 있느냐. 내가 너를 베어 죽이겠다."며 장신을 질타했으나, 장신은 돌아오지 않고 갑곶 방어선은 무너지고 말았다. 그해 9월 김경징과 함께 강화도 수비책임을 물어 처형되었다. 羅萬甲이 지은《병자록》에서는 강화도를 지킨 장수중에서 가장 용감히 싸운 장수로 기록되었다.

170 누락된 듯.

171 黃善身(황선신, 1570~1637): 본관은 平海, 자는 士修. 1597년 무과에 급제하여 훈련원정에 이르렀다. 1636년 병자호란이 일어난 이듬해 1월 청나라 군사가 강화도를 공격하자, 강화부중군의 직책으로 강화유수 張紳, 충청수사 姜晉昕, 將官 具元一 등과 함께 강화도의 燕尾亭에 주둔하여 적을 방어하였으나 중과부적으로 甲串津에서 전사하였다.

而止。李敏求罪同慶徵, 而慶徵賜死, 敏求安置, 其可謂國有公論乎?

---

172 李坰(이경, 1580~1670): 본관은 碧珍, 자는 東野, 호는 聲叟. 아버지는 공조판서 李尙吉이다. 1623년 진사로서 改試文科에 급제, 1624년 예문관검열이 되었다. 그해 8월 장령으로 있으면서 집의 金世濂, 장령 朴安悌 등과 함께 이조판서 李貴가 追崇을 주장하고 자천한 것을 논박하다가, 중신을 모함하였다는 죄목으로 당진현감에 좌천되었다. 그 뒤 1626년에 정언·지평을 거쳤다. 1628년 3월 사서로 있으면서 역적을 推鞫하는 날에 나아가지 않았다는 사헌부의 탄핵을 받아 파직되었다. 같은 해 6월에 정언에 임명된 뒤 강진현감·장령 등을 두루 거쳤다. 1636년 병자호란이 일어나 강화도로 피난했을 때 아버지 이상길이 적군이 상륙하였다는 소문을 듣고, 이경을 불러 召募使가 되어 직분을 다할 것을 부탁하고서 江都에 입성하여 자결하였는데, 이경은 포구를 지키던 임무를 저버리고 아버지의 시신을 가지고 고향으로 돌아갔다. 이로 인해 이경은 비록 의병에 종사하였다고 하나, 自處의 도가 어긋났다고 하여 파직당하였다.

173 尹新之(윤신지, 1582~1657): 본관은 海平, 자는 仲又, 호는 燕超齋. 선조와 仁嬪金氏와의 소생인 貞惠翁主와 결혼하여 海崇尉에 책봉되었다. 仁祖 때에는 君德을 極論하는 데 서슴지 않았으나 인조는 이것을 잘 받아들였으며, 陵廟의 대사가 있을 때마다 그에게 감독하게 하여 마침내 정1품에 올라 位가 재상과 같았다. 1636년 병자호란 때에는 왕명을 받아 老病宰臣들과 함께 강화에 갔다. 그때 廟社를 지키고 있던 아버지 尹昉이 그를 召募大將으로 竹津에 있게 하였다. 甲津이 적군에게 점령되고 府城에 적이 육박해 오자 군사를 지휘하여 성을 나와 죽기를 결심하고 홀로 말을 달려 질주하다가 적병을 만나자 몸을 절벽에 던져 자살하려 하였으나 구조되었다.

174 兪省曾(유성증, 1576~1649): 본관은 杞溪, 자는 子修, 호는 愚谷·拗谷. 1610년 사마시를 거쳐, 1619년 별시문과에 장원급제하여 예조좌랑이 되었으나 대북파를 싫어하여 사직하고, 調度使 李昌庭의 막하가 되었다. 1627년 정묘호란 때 사헌부지평으로서 인조를 강화로 호위하고 척화를 주장하였다. 그 뒤 장령·수찬·사간·동부승지 등을 역임하였다. 1636년 병자호란 때에는 강화에서 把守大將을 지냈다. 승지에 임명되었으나 사퇴했다. 나중에 강원도관찰사·예조참의 등을 지냈다.

○[175] 賊兵四圍, 前右相金尙容, 已知事去, 上南門樓, 据火藥樻, 以火落之而死。權順長·金益兼, 笑謂尙容, 曰: "大監欲獨作好事耶?" 仍與同死。尙容之妾孫, 十三歲兒壽全, 奴善承, 順長之奴義男, 在傍而揮之, 不去, 皆爲同焚。與權金同事者, 尹宣擧也。權金之將死, 宣擧謂以永訣其妻而來, 見其妻謂以與友同死之意, 往來妻友之間, 忽生苟免之計, 改名宣卜, 爲奴於陳原君使行[176]而歸。後其子拯[177], 以爲先人, 初無可死之義, 又云: "權金兩姓, 未免浪死." 世道至此, 可勝寒心。賊至城外, 謂以講和而來, 請開城門, 尹昉以廟社提調, 開門納之。賊入城中, 屠戮一城, 投廟社主於汚溝, 昉收拾, 裹以空石[178], 載之卜馬[179], 使婢子

175 역주자가 표시함.

176 使行(사행): 강화도에 있던 봉림대군이 적의 의사에 따라 진원군을 행재소에 보내어 사정을 보고하게 한 것을 이름. 이때 윤선거가 이 일행을 따라가서 어버이를 뵈려 하였다.

177 拯(증): 尹拯(1629~1714). 본관은 坡平, 자는 子仁, 호는 明齋·酉峰. 成渾의 외증손이고, 아버지는 尹宣擧이다. 우암 송시열의 문인이었다. 그러나 아버지 윤선거의 묘비문 문제로 발생한 회니논쟁과 김익훈, 김석주의 역모 날조에 염증을 느껴 후일 노론이 된 주류파와 갈등하였으며, 아버지 윤선거의 비문 문제를 계기로 宋時烈과 절교한 후 소론의 영수가 되어 송시열과 대립하였다. 효종 말년 학업과 행실이 뛰어난 것으로 조정에 천거되었고, 1663년 公卿과 三司가 함께 그를 천거하여 이듬해 內侍教官에 제수되고 이어서 공조랑·사헌부지평에 계속 제수되었으나 모두 사양하고 부임하지 않았다. 1682년 호조참의, 1684년 대사헌, 1695년 우참찬, 1701년 좌찬성, 1709년 우의정, 1711년 판돈녕부사 등에 제수되었으나 모두 사퇴하고 나가지 않았다.

178 空石(공석): 짚으로 만든 빈 자루. '石'은 '섬'으로 읽는다.

179 卜馬(복마): 짐을 싣는 말.

乘其上, 後以此黜。昉之子新之, 身以都尉, 在防禦所, 不能死於國, 又棄其父而逃, 其罪尙何言哉? 兪伯曾之疏, 只擧尹昉·慶徵, 而不及於新之者, 何也? 都正沈誢[180], 謂其妻, 曰: "君欲作忠臣妻耶?" 其妻曰: "是吾志也." 仍與同死, 製疏納於懷中。其疏曰: "臣沈誢, 東向百拜, 上書于南漢城中主上殿下。臣與妻宋氏, 同日自決, 以報國." 李時稷[181]作贊文, 付諸奴, 使遺其子而自決。其文曰: "長江失陷, 北軍飛渡, 醉將惶㥘, 偸生背主, 義不苟生, 甘心自決, 殺身成仁, 俯仰無怍." 閔垶[182], 先殺其妻而自決, 一門之內, 十二人皆死。

---

180 沈誢(심현, 1568~1637): 본관은 青松, 자는 士和. 목사 沈友正의 아들이다. 厚陵參奉을 거쳐 흡곡 현령, 함흥 판관, 철원부사, 회양부사 등을 지내고 돈녕부도정에 이르렀다. 1636년 병자호란이 일어나자 宗社) 따라 강화에 피난하였다. 가묘의 위패를 땅에 묻고, 국난의 비운을 통탄하는 遺疏를 쓰고 부인 송씨와 함께 鎭江에서 순절하였다.

181 李時稷(이시직, 1572~1637): 본관은 延安, 자는 聖諭, 호는 竹窓. 1606년 사마시에 합격하고 1623년 반정이 일어나 인조가 즉위하자 別提가 되었으며, 李适의 난에 왕을 公州에 모시고 宗廟直長에 전임되었다가 典籍·兵郎·정언·掌樂·弼善·掌握院正 등을 역임하고, 병자호란이 일어나자 奉常寺正으로 江都에 들어갔다가 이듬해 정월 오랑캐가 강도에 침입하여 남문이 함락되자 太僕寺主簿 宋時榮과 더불어 죽기를 결의하고, 송시영이 먼저 자결하자 묘 둘을 파서 하나는 비워 놓고 시영을 매장하고 종에게 자기를 거기에 매장케 하고 옷을 벗어 종에게 맡겨 염을 하도록 부탁한 다음 활끈으로 목을 매어 죽었다.

182 閔垶(민성, 1586~1637): 본관은 驪興, 자는 載萬, 호는 龍巖. 아버지는 驪陽君 閔仁伯이다. 1636년에 병자호란이 일어나자 강화에 출전하여 적의 침공에 맞서 요새를 지키다가 1637년에 전 가족 13명과 함께 순절하였다. 아들 閔之釙·閔之釛·閔之鉽과 며느리 李氏·金氏·柳氏와 장녀 崔垶峻의 아내, 미혼인 딸 셋, 첩 禹氏 등과 함께 같은 날에 목을 매어 순절한 것이다.

埣當此時, 謂其妻禹氏, 曰: "汝非士族, 可以去矣." 禹氏, 談笑自如, 炊飯自喫曰: "主君疑我, 我當決於前, 仍爲自決。

李嘉相[183], 賊至, 藏其母而身爲被擄, 其妻負其母而逃。嘉相, 意謂其母病, 不能自運, 必死於賊, 冒刃逃歸, 來見其母則母不在。病母萬無生理, 不忍獨生, 乃裁書付僧, 使傳其父兄, 以通必死之意, 往來賊陣中, 欲尋其母尸, 終至被害。洪晬寅[184], 賊刃其母, 以身翼蔽, 受刃而死。李淳吾[185]·李尙吉·宋時榮[186], 亦皆自決。尹棨[187], 守南陽, 殉節。

---

183 李嘉相(이가상, 1615~1637): 본관은 延安, 자는 會卿, 호는 氷軒. 영의정 李廷龜의 손자이며, 이조판서 李明漢의 아들이다. 1636년 문과에 급제했으나 병자호란이 일어나 어머니를 모시고 강화에 피란, 이듬해 강화가 함락되자 탈출, 또 피란 중 적에게 쫓겨 어머니만 숨기고 자신은 체포되었다. 아내 羅氏가 어머니를 모시고 섬으로 피신, 그 후 풀려나온 그는 어머니의 행방을 찾아 적진을 헤매다가 적에게 살해되었다. 이 소식을 듣고 아내도 상심 끝에 사망했다.

184 洪晬寅(홍수인, ?~1637): 洪翼漢의 차남. 홍익한은 전처 具坤源의 딸 사이에 洪晬元과 딸 하나, 후처 許寔의 딸 사이에 홍수인과 딸 하나를 두었다.

185 李淳吾(이순오): 李惇五의 오기.

186 宋時榮(송시영, 1588~1637): 본관은 恩津, 자는 公先·茂先, 호는 野隱. 宋時烈의 종형이다. 1628년 김장생의 천거로 司宰監參奉이 된 뒤 直長 등을 거쳐 尙衣院主簿에 올랐다. 1636년 병자호란 때 廟社를 따라 江華로 갔다가 1637년 성이 포위당하자 李時稷 등과 함께 자결했다.

187 尹棨(윤계, 1583~1636): 본관은 南原, 자는 信伯, 호는 薪谷. 어려서 어버이를 여의고, 아우 尹集·尹柔와 함께 외가에서 자랐다. 1624년 사마시에 합격하고, 1627년 정묘호란 때 상소하여 척화를 주장하였다. 같은 해 정시문과에 급제하고 승문원권지부정자를 거쳐 전적·홍문관교리를 지냈다. 1629년 이조좌랑이 되었고, 1636년에 남양부사가 되었다. 그해 겨울 병자호란이 일어나자 勤王兵을 모집하여

○權順長之妻李氏[188]，其夫死後，先縊其三女而自縊，洪晬寅之妻，見其夫死於敵，自刭於夫尸之傍，金槃[189]·李昭漢[190]·鄭百昌[191]·洪命一[192]·李一相[193]之妻，皆死於節。其時，婦女之立節，

남한산성으로 들어가려다 청병에게 잡혀 굴하지 않고 대항하다가 몸에 난도질을 당하여 죽었다.

188 李氏(이씨): 全州李氏 李久源의 딸.

189 金槃(김반): 그의 처는 連山徐氏 徐澍의 딸. 언니는 崔貞完의 부인, 온양정씨 鄭脘의 부인, 의령남씨 南烒의 부인, 여동생은 兪伯曾의 부인이다.

190 李昭漢(이소한, 1598~1645): 본관은 延安, 자는 道章, 호는 玄洲. 아버지는 李廷龜이고, 李明漢의 동생이다. 1612년 진사시에 합격하고, 1621년 정시 문과에 급제해 승문원에 나가 벼슬하였다. 1623년 인조반정과 함께 승문원주서를 거쳐 홍문관정자에 승진되었다. 1624년 李适의 난이 일어나자 공주로 인조를 호종했다. 1626년 수찬으로서 중시 문과에 급제했다. 그 뒤 다시 등용되어 충원현감·진주목사·예조참의 등의 내외 관직을 역임하였다. 1643년 왕세자가 청나라 瀋陽에 볼모로 갈 때 세자우부빈객 동지중추부사로 호종해 보좌했으며, 이듬해 귀국해 형조참판으로 비변사당상을 겸임하였다. 이소한의 처는 驪州李氏 李尙毅의 딸이다.

191 鄭百昌(정백창, 1588~1637): 본관은 晉州, 자는 德餘, 호는 玄谷·谷口·大灘子·天容. 1606년 생원·진사가 되고, 1611년 별시 문과에 급제해, 이듬해 주서를 거쳐 검열·봉교·대교 등을 역임하였고, 1623년 인조반정으로 부수찬에 등용되어 헌납·교리·수찬을 거쳐, 1625년 보덕·사간·사인 등을 역임하였다. 國舅인 그의 장인 韓浚謙의 덕택이라는 비난 때문에 관직에 취임하지 않다가 1627년 동부승지, 다음해 예조참의·대사간을 지낸 뒤 1631년 이조참판이 되었다. 정백창의 처는 西平君 韓浚謙의 딸이다.

192 洪命一(홍명일): 그의 처는 全州李氏 始林君 李世俊의 딸.

193 李一相(이일상, 1612~1666): 본관은 延安, 자는 咸卿, 호는 青湖. 영의정 李廷龜의 손자이며, 이조판서 李明漢의 아들이다. 1633년 검열이 되고, 대교·정언을 거쳐 헌납이 되었다가 1636년 병자호란 때에는 왕을 호종하지 못하고, 또한 화의를 반대한 척화신으로서 이듬해 탄핵을 받아 영암으로 귀양 갔다가 다시 위원으로 이배되었다. 뒤에 南老星 등의 주장으로 풀려나 인조 말년에는 사간에 올랐으며,

不可殫記。【余之高祖妣李氏[194], 亦殉節於甲串.】金瑬[195]·李聖求[196]·金慶徵[197]·呂爾徵[198]·韓興一[199]·尹宣擧[200]之妻, 亦皆死節。其夫

1647년에는 창덕궁수리소도청으로 공이 있다 하여 당상관에 올랐다. 효종이 즉위하면서 우승지에 발탁되어 총애를 입었으며, 이어서 대사간을 거쳐 1652년 도승지가 되었다. 이어 부제학·대사간·대사성을 거쳐 대사헌이 되었다. 1654년 正朝兼進賀副使로 청나라에 갔다가 이듬해 귀국, 청나라의 실정을 보고하여 효종의 북벌계획 수립에 宋時烈 등과 함께 도움을 주었다. 그 뒤 병조참판·동지의금부사 등을 지내고, 실록편찬의 공으로 正憲大夫에 가자되었으며, 공조판서·예조판서·좌우참판·호조판서를 거쳐 1666년에 다시 예조판서가 되었다가 죽었다. 이일상의 처는 平壤趙氏 趙寬錫의 딸이다.

194 高祖妣李氏(고조비이씨): 南紀濟의 고조는 南老星(1603~1667)이고, 고조비는 李安訒(1567~1639)의 딸 德水李氏임. 남노성의 외조부는 金尙容, 이모부는 張維이다. 효종의 왕비인 仁宣王后는 장유의 딸로 남노성과 이종사촌이다.

195 金瑬(김류): 그의 처는 柳根(1549~1627)의 딸 晉州柳氏.

196 李聖求(이성구): 그의 처는 尹暉(1571~1644)의 딸 海平尹氏.

197 金慶徵(김경징): 그의 처는 朴孝誠(1568~1617)의 딸 高靈朴氏.

198 呂爾徵(여이징, 1588~1656): 본관은 咸陽, 자는 子久, 호는 東江. 1610년 생원이 되고 1616년 경안도찰방에 임명되었으나, 폐모론이 일어나자 관직을 버리고 楊江에 은거하였다. 1624년 식년문과에 급제하고 1626년 문과중시에 각각 급제하여 승문원에 들어가 전적을 거쳐 병조·예조참판을 역임하였다. 1636년 병자호란 때에는 종묘의 위패를 모시고 강화도에 들어갔으며, 청나라와의 화의가 성립된 뒤 이조참판을 거쳐 경기도관찰사·한성부좌윤·예조참판을 지내고, 1641년 함경도관찰사를 역임했다. 여이징의 처는 西平君 韓浚謙(1557~1627)의 딸 淸州韓氏이다.

199 韓興一(한흥일, 1587~1651): 본관은 淸州, 자는 振甫, 호는 柳市. 아버지는 韓百謙이다. 別坐로서 1624년 정시문과에 급제하여 예문관검열이 되고, 1628년에 수찬을 거쳐 1630년 총융사의 종사관이 되었다. 1633년 이조좌랑, 이듬해에 전라도양전사가 되었다. 1636년 병자호란이 일어나자 신주와 빈궁들을 강화도로 호위하였고, 좌부승지·전부부윤을 역임하였다. 1637년 鳳林大君(뒤의 효종)이 청나라에 볼모로 잡혀갈 때 배종하였으며, 귀국 후에는 우승지를 거쳐, 1643년 강원도관찰사로 나갔다. 1645년 이조참판, 1647년 대사간, 1648년 공조판서·예조판서를 거쳐,

或諂於虜，或降於賊，或背君而逃，或爲奴而歸，其妻以婦女而能辦一命，爲其夫者能無愧於其妻乎。

金鎏·李聖求，力主和議，末乃叙顔[201]諂虜，金慶徵，城陷後，棄其母與妻(而)逃走。韓興一·呂爾徵，虜至，更被新衣曰：初見他國之人，不可不整.” 先自入拜於賊，曰：“姜碩期[202]亦在此.” 欲招而混其迹也。姜托以足躄，久而不出，(賊)竟舍去。尹宣擧，(與)其妻友約死，妻友皆死，而獨不死，微服爲奴而生還。

婦女之被擄者非一。而李敏求之妻[203]及其兩子婦[204]之事，人皆唾罵。【時有一鞭靑驢，兩耳生風之詩.】敏求以爲其妻，死節於嘉山[205]，

1651년 우의정에 올랐다. 한흥일의 처는 全州李氏 順康君 李善麟의 딸이다.

200 尹宣擧(윤선거): 그의 처는 公州李氏 李長白의 딸.

201 叙顔(서안): 奴顔의 오기. 비굴하게 아첨하는 모습.

202 姜碩期(강석기, 1580~1643): 본관 衿川, 자는 復而, 호는 月塘·三塘. 김장생에게 성리학을 공부하였다. 1612년 사마시를 거쳐, 1616년 증광문과에 급제하고, 承文院正字로 등용되었다. 그러나 광해군의 문란한 정치와 李爾瞻의 廢母論 등에 불만을 품고 벼슬을 버리고 낙향하였다. 1623년 인조반정 후 다시 관직에 나가 藝文館博士 등을 역임하였다. 1627년 동부승지 때 딸이 世子嬪이 되었다. 1636년 병자호란이 일어나 소현세자와 세자빈 강씨가 볼모로 잡혀 청나라에 끌려갔다. 1640년 우의정에 올라 世子傅를 겸하다가, 1643년 中樞府領事가 되었다. 죽은 후 세자빈이 사사될 때에 관작이 추탈되었으나 숙종 때 복관되었다.

203 李敏求之妻(이민구지처): 海平尹氏 尹暉(1571~1644)의 딸.

204 兩子婦(양자부): 이민구는 본처에게 두 아들이 있고, 첩에게 두 아들이 있음. 장남 李元揆의 처인 吳竣(1587~1666)의 딸과 차남 李重揆의 처인 柳廷亮(1591~1663)의 딸.

作銘稱譽，求寫於東陽尉申翊聖，聞者皆笑。其後，妻妾之贖還者，無不依舊同居，獨張維，以爲失節之人，不可爲配。其子善徵[206]之妻，贖還之後，陳䟽請令改妻，崔鳴吉啓曰："如此則怨女必多，不可不慮." 遂防啓[207]。汗歸後，立頌德碑於三田浦，李景奭[208]撰文，吳竣[209]書之，呂爾徵篆之。其銘曰："天子東征，百萬

---

205 嘉山(가산): 평안북도 博川 지역의 옛 지명.

206 善徵(선징): 張善徵(1614~1678). 본관은 德水, 자는 靜之, 호는 杜谷. 아버지는 大提學 谿谷 張維이고, 어머니는 우의정 文忠公 金尙容의 딸이다. 孝宗 비 仁宣王后의 오빠이다. 蔭補로 永禧殿參奉에 임명되었다. 세자익위사위수를 거쳐 1648년 김화현감에 제수되었다. 1662년 철원부사로 있을 때 증광 문과에 급제하였다. 1667년 병조참판을 지냈고 대사간·도승지·대사헌 등을 두루 거쳐 공조와 예조의 판서, 좌우참찬, 판의금부사 등을 역임하였다. 1674년 숙종이 즉위하니 왕의 元舅로서, 좌참찬·판의금부사·지경연춘추관사 등을 또한 역임하였다. 1677년 한성부판윤에 재임 중에, 외척 金佑明이 무고하여 宋時烈이 거제에 유배되었다. 송시열의 신원을 위해 여러 차례 상소하였지만 받아들여지지 않고 관직이 삭탈되고 파직되었다. 장선징의 전처는 海平尹氏 尹宗之(1597~?)의 딸이고, 후처는 경주이씨 李承孝의 딸이다. 장유는 외아들 장선징이 속환녀인 며느리와 이혼할 수 있도록 허락해 달라고 요청했으나 최명길의 반대로 이루어지지 않았으나, 장유 사후에 1640년 9월 장유의 부인이 며느리의 타고난 못된 성질로 시부모에게 순종하지 않는다며 이혼을 청하자 장선징이 勳臣의 옥자임을 고려해 특별히 허락하였다.

207 防啓(방계): 남의 의견을 막고 자신의 의견만 임금에게 아룀.

208 李景奭(이경석, 1595~1671): 본관은 全州, 자는 尙輔, 호는 白軒. 1613년 진사가 되고 1617년 증광별시에 급제했으나, 이듬해 仁穆大妃의 폐비 상소에 가담하지 않아 削籍되고 말았다. 1623년 인조반정 이후 謁聖文科에 급제, 승문원부정자를 시작으로 선비의 청직으로 일컫는 검열·봉교로 승진했고 동시에 春秋館史官도 겸임하였다. 이듬해 李适의 난으로 인조가 공주로 몽진하자 승문원주서로 왕을 호종해 조정의 신임을 두텁게 하였다. 1627년 정묘호란이 발발하자 체찰사 張晩의 從事官이 되어 강원도 군사 모집과 군량미 조달에 힘썼다. 이때에 쓴 〈檄江原道士夫父老書〉는 특히 명문으로 칭송되었다. 정묘호란 후 다시 이조정랑 등을 거쳐

其師. 有罪伐罪, 知罪待罪.” 人或有議, 故改而立之【谿谷張維·澤堂李植, 亦皆作碑文, 而以不合不用, 用李文云.】大駕, 還京之後, 南漢扈從之臣, 皆受賞加秩, 前判書金尙憲, 上疏曰: “駕(住)山城也, 執政·大臣, 爭勸出城, 而臣敢以死守之義, 妄陳榻前, 臣罪一也。降書文字, 有所不忍見者, 手毁其草, 痛哭廟堂, 臣罪二也。兩宮親詣賊營, 臣旣不能碎首[210]馬前, 病又不能從行, 臣罪三也。臣負此三罪, 尙逭刑章, 豈敢與諸臣之終始羈歸者, 均蒙恩

승지에 올라 인조를 측근에서 보필하였다. 1629년 자청해 양주목사로 나갔다. 그 뒤 승지를 거쳐 1632년에는 대사간에 제수되었다. 1636년 병자호란 때 대사헌·부제학에 연달아 제수되어 인조를 호종해 남한산성에 들어갔다. 이듬해 인조가 항복하고 산성을 나온 뒤에는 도승지에 발탁되어 예문관제학을 겸임하며 〈三田渡碑文〉을 지어 올렸다. 1638년 홍문관·예문관 양관의 대제학이 되었고, 얼마 뒤 이조참판을 거쳐 이조판서에 발탁되어 조정 인사를 주관하였다. 1641년 청나라에 볼모로 가 있던 昭顯世子의 貳師가 되어 심양으로 가, 현지에서 어려운 對淸外交를 풀어나갔다. 1645년 영의정에 올라 국정을 총괄하였다. 그러나 1646년에 효종의 북벌 계획이 李彦標 등의 밀고로 청나라에 알려져 査問事件이 일어나게 되었다. 청나라 황제의 명으로 白馬山城에 위리안치되었다.

209 吳峻(오준): 吳竣(1587~1666)의 오기. 본관은 同福. 자는 汝完, 호는 竹南. 1618년 증광 문과에 급제한 뒤, 注書를 거쳐 持平·掌令·弼善·修撰 등을 지냈다. 병자호란 뒤인 1639년 한성부판윤으로 奏請副使가 되어 瀋陽에 다녀왔다. 그 뒤 1643년 청나라 세조의 즉위에 즈음해 登極副使로, 1648년에는 冬至兼正朝聖節使로 청나라에 다녀왔다. 1650년 예조판서, 이후 형조판서·대사헌·右賓客 등을 거쳐 1660년 좌참찬이 되고, 이어 판중추부사에 이르렀다. 문장에 능하고 글씨를 잘 써서 왕가의 吉凶冊文과 三田渡碑의 비문을 비롯한 수많은公私의 비명을 썼다.

210 碎首(쇄수): 죽음을 무릅쓰고 간언을 올리는 것을 형용할 때에 쓰는 말. 춘추시대 秦나라 大夫 禽息이 진나라 穆公에게 百里奚를 천거하였으나 목공이 받아들이지 않자, 금식이 자기 머리를 문지방에 부딪쳐 머리가 부서져 죽으니, 목공이 애통해하며 백리해를 등용했다고 한 고사에서 나온 말이다.

數[211]也? 嗚呼, 無信一時之要盟, 無忘前日之大德, 毋過恃虎狼之仁, 毋輕絶父母之恩。每想先王奏聞萬折必東[212]之語, 不覺感涕之沾衣也."云云。洪翼漢到瀋陽, 汗招問斥和之由, 翼漢脫衣赤立, 抗言不屈, 以文字書示曰: "四海之內, 皆爲兄弟而無父子之義也。金國渝盟稱帝, 果若渝盟, 則是悖兄弟也, 果若稱帝, 則是二天子也。門庭之內, 寧有悖兄弟也, 覆載[213]之間, 豈有二天子乎? 金國之於朝鮮, 新有交隣之約, 大明之於朝鮮, 舊有字小[214]之恩, 棄深結之舊恩, 而守先背之空約, 於理甚不可, 於事甚不當。首建此議, 欲守禮義, 是臣職耳。雖被誅戮, 實所甘心, 魂去飛天, 歸遊故國, 快哉快哉。惟願速死."云云。與吳尹兩學士, 同日就死。後許積[215], 以三學士謂之, 喜死釣名[216]之輩云, 世道

---

211 恩數(은수): 공이 높은 사람에게 임금이 베푸는 특별한 은전.

212 萬折必東(만절필동) : 宣祖가 임진왜란 중에 援軍을 파병해서 나라를 위기에서 구해 준 明나라의 은혜에 고마움을 표현한 말로, 중국의 모든 강물이 천번 만번 굽이쳐 흘러가더라도 결국은 동쪽의 황해로 흘러 들어간다는 뜻. 天子에 대한 諸侯의 尊慕의 뜻은 변하지 않음을 나타낸다.

213 覆載(복재): 하늘이 덮어 주고 땅이 실어준다는 의미로, 天地를 이르는 말.

214 字小(자소): 작은 나라를 보살펴 줌.

215 許積(허적, 1610~1680): 본관은 陽川, 자는 汝車, 호는 默齋·休翁. 1633년 사마시에 합격하고, 1637년 정시문과에 급제하였다. 검열·부수찬을 지내고, 1641년 의주부윤으로 管餉使를 겸하였다. 1645년 경상도관찰사가 되었으나 1647년 일본 사신 다이라[平成幸]를 위법으로 접대한 죄목으로 파직되었다. 그 뒤 다시 기용되어 1653년 호조참판, 1655년 호조판서를 거쳐, 1659년 형조판서를 역임하였다. 그해 효종이 승하하면서 慈懿大妃의 服喪問題가 일어나자, 남인으로서 서인의 朞年說(만 1년 설)에 맞서 3년설을 주장했으나 채택되지 않았다. 1662년 陳奏副使로

之憂, 豈不大哉? 賊還之時, 留孔有德[217]·耿仲明[218], 與我國合勢, 攻椵島, 我國以柳琳爲首將, 以林慶業爲副將, 攻之。島險難攻, 問策于慶業, 慶業畫之, 賊用是計, 而陷島。慶業以攻島之功, 受賊之爵云, 以慶業而乃如是耶? 未可知也。及其入島也, 我國之人, 殺掠漢人, 甚於胡兵。嗚呼! 人無人心, 豈至於斯乎? 都督沈世魁[219], 率手下兵登山, 賊誘之曰: "若降則當富貴." 沈曰:

청나라에 다녀왔으며, 1664년 우의정이 되었다. 또한 謝恩兼陳奏使로 다시 청나라에 다녀와 좌의정에 올랐다. 1671년 영의정이 되었으나 이듬해 宋時烈의 논척을 받아 영중추부사로 전임되었다. 1674년 仁宣大妃가 죽어 자의대비의 복상문제가 다시 일어나자, 서인의 大功說(9개월 설)에 맞서 기년설을 주장하였다. 이번에는 그 주장이 받아들여지면서 다시 영의정에 복직하고 남인이 집권하였다. 그 뒤 송시열의 처벌문제로 남인이 淸南·濁南으로 분열되자, 탁남의 영수가 되어 청남을 밀어내었다. 1676년 謝恩兼陳奏辨誣使로 청나라에 세 번째 다녀온 뒤, 오도도체찰사가 되었다.

216 喜死釣名(희사조명): 喜事釣名의 오기. 《憲宗實錄》 1672년 6월 9일 2번째 기사에 나온다.

217 孔有德(공유덕, ?~1652): 중국 청나라 초기의 무장. 명나라 毛文龍의 부하였으나, 모문룡 사후, 山東省에서 난을 일으켜 청나라에 귀순하여 도원수가 되었고, 1636년에 王爵을 받았다. 1644년 睿親王을 따라 入關하여 李自成의 농민군을 진압하였다. 그 후에도 명나라의 잔당을 토벌하는 데 공을 세워 定南王으로 책봉되었다. 1649년부터 廣西를 정벌하여 桂林을 차지하였으나, 1652년 孫可望의 습격을 받아 전사하였다.

218 耿仲明(경중명, ?~1649): 중국 청나라 초기의 무장. 명나라 장수였으나 1633년 청나라 太宗에게 항복하였으며, 總兵官으로 임명되어 遼陽에 주둔하고 그 군대를 天佑兵이라 하였다. 1636년 懷順王에 봉해지고, 1642년 그 군대를 正黃旗漢軍에 소속시켰다. 그 사이 명나라 및 조선과의 전쟁에 종군하였고, 1644년 청나라가 중국에 진출한 뒤에는 각지의 전투에서 공을 세워 1649년 靖南王으로 봉해졌다. 그러나 남방을 평정하던 중 부하가 지은 죄에 책임을 지고 자살하였다.

"堂堂大明之臣, 豈降於犬羊乎?" 遂力戰而死。己卯, 賊命助兵, 攻天朝, 以林慶業爲上將, 以李浣[220]爲副將, 送之。判書金尙憲, 上疏曰: "伏聞朝廷, 從北使之言, 將發兵五千, 助瀋陽犯大明。臣聞之, 驚惑未定。夫臣之於主, 有可從不可從者。當國家勢弱力屈, 姑爲目前圖存之計, 而以殿下撥亂反正[221]之志, 臥薪嘗膽,

---

219 沈世魁(심세괴, ?~1637): 명말에 登州總兵으로 청나라에 대항한 장수. 명나라 遼東都司 毛文龍의 군대가 후금의 군대에 쫓긴 끝에 국경을 넘어 평안도 철산군 앞바다의 椵島에 주둔하게 되자, 1623년 명나라는 후일을 도모하려고 가도에 都督府를 설치하고 모문룡을 그 도독으로 임명했다. 모문룡이 조정의 명에 따라 遼東에 출전했다가 실패하고 죽은 뒤, 가도로 도망한 그 잔당 사이에 누차 내분이 일어난 끝에 장사꾼 출신으로 그 딸이 모문룡의 첩이었던 심세괴가 도독이 되었다. 심세괴는 1637년 청나라와 조선의 연합군에게 패하여 죽었다.

220 李浣(이완, 1602~1674): 본관은 慶州, 자는 澄之, 호는 梅竹軒. 1624년 무과에 급제한 뒤 당시 인조반정 공신의 한 사람으로서 군사권을 장악하던 李曙의 추천으로 처음 滿浦僉使가 되었다. 1627년 영유현령, 1629년 상원군수, 이듬해 숙천부사를 거쳐 1631년 평안도 병마절도사로 승진하였다. 1636년 병자호란이 일어나자 도원수 金自點의 別將으로 출전해 正方山城을 지켰는데, 적을 洞仙嶺으로 유인해 복병을 이용해 크게 무찔러 공을 세웠다. 1638년 함경남도 병마절도사로 옮겼다. 1640년 황해 병사로 있을 때 청나라의 요청에 따라 舟師大將 林慶業의 副將으로 명나라 공격에 나섰다. 그러나 이 사실을 명장에게 알려 종일토록 서로 싸웠으나 양쪽에 사상자가 나지 않았다 한다. 이듬해 8월에 돌아왔으나 청나라의 지탄을 받아 벼슬에 나가지 못하였다. 1649년 효종 즉위 후 북벌정책에 핵심 무관으로 역할하였으며 포도대장을 거쳐 1650년에는 어영대장에 올랐다. 金自點의 아들 김익이 일으킨 모역을 다스리기 위해 포도대장을 거듭 맡았다. 이즈음 어영청 병제와 군비의 정비에 노력하였다. 1653년 鄭太和의 천거로 최고 정예부대인 훈련도감의 대장에 종래 공신이나 국왕 외척만이 임명되던 관례를 깨고 특별히 임명되어, 현종대에 걸치도록 16년 동안 직책을 유지하는 한편, 한성부판윤·공조판서·형조판서·포도대장 등을 겸임하였다.

221 撥亂反正(발란반정): 난리를 평정하여 질서 있는 세상을 회복.

今已三年, 雪恥復讎, 庶幾指日仰望, 而豈意愈往愈甚, 事事曲從[222], 至於無所不至之地乎? 自古無不死之人, 亦無不亡之國, 死亡可忍, 從逆不可爲。有復於殿下者曰: '人有助寇讎, 攻父母.' 殿下必命有司治之。其人雖善辭而自解, 必加王法, 此天下之通道也。雖以利害論之, 徒畏强鄰一朝之暴, 不懼天子六師[223]之移[224], 非遠計也。關下[225]列屯之兵, 海上樓船之卒, 雖不足於掃氈[226]復疆, 其於禁我國爲梗則有餘矣。若聞我國爲倀鬼[227]於虎前, 問罪

222 曲從(곡종): 자기의 의지를 굽히고 남에게 따름.

223 六師(육사): 천자가 거느린 六軍. 뒤에는 중국의 황제가 거느린 군대를 상징하여 쓰였다.

224 六師之移(육사지이): 천자가 군대를 동원한 징벌. 《孟子》〈告子章句 下〉의 "천자가 제후국에 가는 것을 巡狩라 하고, 제후가 천자에게 朝會가는 것을 述職이라 한다. 봄에는 교외에 나가 경작하는 상태를 살펴 부족한 자를 보조해주고, 가을에는 수확하는 상태를 살펴 부족한 자를 보조해 준다. 그 경내에 들어감에 토지가 잘 개척되었으며, 전야가 잘 다스려졌으며, 노인을 봉양하고 어진 이를 높이며, 준걸한 자가 지위에 있으면 賞을 내리니, 상은 땅으로 준다. 그 경내에 들어감에 토지가 황폐하며, 노인을 버려두고 어진 이를 잃으며, 착취하는 자들이 지위에 있으면 꾸짖음이 있으니, 한 번 조회오지 않으면 그 관작을 폄하고, 두 번 조회오지 않으면 그 땅을 떼어내고, 세 번 조회오지 않으면 육사를 동원하여 군주를 바꿔놓는다.[天子適諸侯曰巡狩, 諸侯朝於天子曰述職. 春省耕而補不足, 秋省斂而助不給, 入其疆, 土地辟田野治, 養老尊賢, 俊傑在位, 則有慶, 慶以地. 入其疆, 土地荒蕪, 遺老失賢, 掊克在位, 則有讓, 一不朝則貶其爵, 再不朝則削其地, 三不朝則六師移之.]"에서 나오는 말.

225 關下(관하): 국경의 關門.

226 氈(전): 氈裘. 털 가죽옷으로, 북쪽 오랑캐를 이르는 말.

227 倀鬼(창귀): 호랑이에게 물려 죽은 사람의 영혼. 호랑이의 부림을 받아 앞잡이 노릇을 하며 못할 짓을 저지른다고 하는바, 여기서는 오랑캐 앞잡이가 되는 것을 이른다.

之師，直到於海西，毋謂可畏者獨在於瀋陽也。人皆曰：'彼勢方强，違之必有禍.' 臣以爲名義至重，犯之必有殃。與其負義而終不免危亡，曷若守正而俟命於天乎？今若棄義忘恩，忍此爲擧，則縱不顧天下後世之議，將何以見先王於地下，亦何以使臣下盡意[228]於國哉."云云。

○林慶業·李浣，率兵而赴瀋，潛通天朝，密謀攻賊，每於接戰，去鏃而射之，爲賊所覺，慶業拘於胡中，浣出送遠謫。砲手李士龍[229]，星州[230]土兵也，爲慶業部下卒，放砲不丸。虜知之，擬刃於頸。士龍不動，虜釋之，士龍復如是者三，虜怒而殺之，士龍罵賊，不屈而死。天將祖大壽[231]，牒知之，大書旗上，揭示曰："朝鮮

---

228 意(의): 忠의 오기인 듯.

229 李士龍(이사룡, 1612~1640): 본관은 星山. 아버지는 남한산성에서 인조를 호위한 공으로 무과에 오른 李廷建이다. 1640년 청나라가 명나라를 치기 위하여 조선에 원병을 청하자 砲士로 징발되었는데, 錦州에서 明將 祖大壽와 대전하였다. 임진왜란 때 명나라의 은혜를 생각하고 空砲로 응전하였다. 이를 본 동료가 적극 말렸으나 이미 죽음을 각오하였다면서 듣지 않았다. 끝내 청군에게 발각되어 잡혀가서 칼로 위협을 받았으나 청장에게 욕설을 퍼부으면서 굴하지 않았다. 이때 우리나라 將領들이 청장에게 용서를 빌어 살려주기로 허락을 받았는데도, 이사룡은 웃으면서 스스로 죽음을 청하여 의롭게 죽었다고 한다.

230 星州(성주): 경상북도 남서쪽에 있는 고을. 동쪽은 낙동강을 경계로 대구광역시와 칠곡군, 서쪽은 김천시와 경상남도 합천군, 남쪽은 고령군, 북쪽은 김천시와 접한다.

231 祖大壽(조대수, ?~1656): 明末淸初 때 遼東 사람. 자는 復宇. 명나라 때 前鋒總兵을 지냈다. 大凌河에서 포위당하자 皇太極과 약속해 錦州에서 귀순하여 내응하기로 했다. 그러나 일이 끝난 뒤 성을 지키면서 항복하지 않았다. 崇德 연간에 성이 함락되자 다시 항복하여 漢軍 正黃旗에 예속되고, 總兵에 올랐다.

義士, 李士龍."

林慶業·李浣, 領舟師, 至登州[232], 密使投水人[233], 諭意於天朝都督軍門。天朝, 付一封書, 遣還, 備言壬辰東征之恩, 又言目今中朝危迫之勢, 又言若縛虜賊以來, 分天下封萬戶云云。慶業垂涕大息, 將欲捲甲歸正[234], 浣以貽禍本朝止之。遙見天兵, 發砲揮軍, 使天兵覺而避之。又去鏃射之, 虜怒而詰之, 慶業逐條[235]以對, 指天爲誓。浣只卞而不誓, 虜又詰之, 浣正色曰: "士大夫不爲此." 浣放還而謫元山[236], 十年耕田, 慶業拘虜中, 從後還國, 爲自點矯詔[237]潛殺。浣至孝廟卽位, 召還爲將, 與宋時烈, 密謀復讎大義。己亥, 孝廟薨而事遂止。嗚呼! 痛哉。

鄭雷卿, 以春坊[238]在瀋陽, 時我國以生梨紅柹等物, 送於汗, 鄭命壽改其文書, 減其半。鄭雷卿, 欲因此事, 除去命壽, 與司書金宗一[239]·漢人之被虜[240]者, 同心結約, 欲幷殺龍馬。事覺, 龍馬怒

---

232 登州(등주): 중국의 山東省에 있는 지명.

233 水人(수인): 물에 익숙한 사람. 수영을 잘하는 사람.

234 捲甲歸正(권갑귀정): 청나라의 원군으로 참전했지만, 명나라 공격하는 무기를 거두어 명나라가 청나라를 이기도록 하겠다는 말.

235 逐條(축조): 조목조목 따짐.

236 元山(원산): 함경남도 남단에 있는 항구 도시. 옛 이름은 德源이었다. 동해에 면하여 북쪽으로 虎島半島가 병풍처럼 둘러싸고, 남쪽으로 葛麻半島가 돌출한 永興灣 남쪽에 있다.

237 矯詔(교조): 임금의 명령이라고 속임.

238 春坊(춘방): 世子侍講院을 달리 이르는 말. 조선시대 왕세자의 교육을 담당한 관청이다.

先殺漢人, 又詰責我國。上欲遣使救解[241], 相臣崔鳴吉曰: "如此則益致其怒, 莫若先爲賜死之爲愈也." 仍賜死雷卿, 宗一拿來遠謫。盖朴簹[242], 從前奉使虜中, 與龍馬及鄭命壽, 結爲兄弟, 至於

---

239 金宗一(김종일, 1597~1675): 본관은 慶州, 자는 貫之, 호는 魯庵. 1624년 생원시·진사시에 모두 합격하고, 이듬해 별시 문과에 장원으로 급제하였다. 1628년 正言이 되고, 1630년 持平을 거쳐 진주목사가 되었다. 1635년 다시 정언이 되었으며, 1636년 병자호란이 일어나자 순찰사의 從事官으로 일하였다. 전쟁이 끝나자 패전의 책임을 들어 金鎏·尹昉 등을 탄핵하였으며, 이듬해 直講·지평을 지냈다. 그해 昭顯世子가 瀋陽에 볼모로 잡혀갈 때 사서로서 수행하였다. 당시, 조선인으로서 청나라에 잡혀간 뒤 벼슬에 올라 조선에 대해 갖은 횡포를 부리던 鄭命壽·金突伊 등을 청나라로 하여금 제거하게 하는 계획을 鄭雷卿과 함께 세웠다가 뜻을 이루지 못하고 송환되어 영덕으로 유배되었다. 1643년에 풀려나 1651년 修撰이 되고, 校理를 거쳐 1657년 울산부사를 지냈다. 1660년 慈懿大妃의 효종 상복에 대해 許穆과 함께 3년설을 주장하여 평해에 유배되었다가 이듬해 풀려났다.

240 漢人之被虜(한인지피로): 沈哥. 《宋子大全》 부록 제16권 〈朴光一錄〉에 나온다.

241 救解(구해): 죄에서 벗어나기 위해 잘 변호하거나 증거를 제시하여 減罪되거나 면죄되게 하는 것.

242 朴簹(박로, 1584~1643): 본관은 密陽, 자는 魯直, 호는 大瓠. 1609년 문과에 급제하여 승문원에 들어간 뒤 사간원정언·병조정랑·홍문관수찬 및 교리, 사헌부 지평·성균관직강·안동부사·의정부검상 등을 거쳤다. 1623년 인조반정 뒤에는 장연부사·신천군수·판결·파주목사·장단부사·이조참판·세자빈객·도승지·병조참판 등을 지냈다. 광해군대에 요직인 이조정랑으로의 진출이 북인에 의해 거부되었으며, 그들에 맞서 仁穆大妃 보호론을 주도하고 관인 명단에서 삭제되었다. 그러나 광해군을 동정하였다는 혐의로 반정 뒤에도 처음에는 소외되다가, 이괄의 난과 정묘호란 때 국왕을 호종한 공로로 관직에 올랐다. 정묘호란 뒤에 後金의 심양에 여러 차례 파견되었고 병자호란 후에는 淸으로 볼모로 잡혀간 소현세자를 3년간 수행하였다. 대후금 외교 업무를 담당하여 온건한 입장에서 일을 처리하여 그 분야의 전문가로 인정받았으며, 청에 파견된 상태에서 병자호란이 일어나자 그들 부대에 억류되는 등 많은 고초를 겪었으나 反淸의 분위기 속에서

相視其妻子, 其親切可知也。簹入瀋陽, 與雷卿, 同處館中, 雷卿見簹行纚, 心鄙之, 不與之同坐。至是, 雷卿之死, 是簹之所嗾也。

○崔孝一[243], 義州品官也。丁丑之後, 慨然自廢, 閉門不出, 府尹黃一皓[244], 嘉其志, 遇之甚厚。忽一日, 盡賣家産田宅, 浮海而去, 入于皇朝。鄭命壽者, 本以宣川人, 聞知此事, 囑奴僞作孝一

노고와 역량을 인정받지 못하였다. 세자를 따라 청에 있을 때 그곳으로 끌려간 三學士와 鄭雷卿을 위해 진력하였으나, 구하지 못하고 그들의 죽음을 목도하였다.

243 崔孝一(최효일, ?~1644): 본관은 미상, 자는 元讓. 의주 출신. 선조 때 무과에 급제하고, 광해군 때 형조좌랑을 거쳐 훈련판관에 이르렀다. 金應河와 함께 이름이 알려진 용장으로, 1629년 清軍이 침입하여 오자 의주에서 장사 張應林과 함께 출전하였다. 統軍亭에서 적병 수십명을 죽이고, 거짓 적진에 투항하여 당시 椵島에 주둔 중인 명나라의 좌도독 毛文龍과 내통, 모문룡으로 하여금 적을 공격하도록 정보를 제공한 다음 적진을 탈출하여 青梁山에 들어가 장사를 모아 적을 방어하였다. 1636년 병자호란이 일어나자 의주부윤 林慶業의 휘하에 들어가 압록강에서 적과 싸워 전공을 세우고 많은 군용품을 노획하였다. 청나라의 임금을 죽여 명나라의 위기를 구하고 원수를 갚을 계획으로 力士 車禮亮, 의주부윤 黃一皓, 절도사 임경업 등과 약속하고 登州로 건너가 陳洪範에게 청나라를 치자고 건의하였으나 거절당하였다. 다시 寧遠으로 가서 明將 吳三桂와 함께 錦州에서 청병과 싸워 여러 번 공을 세웠다. 1644년 적장 李自成의 침입으로 燕京이 함락되고 명나라가 망하자 오삼계는 항복하고, 그는 죽은 明主 義帝의 빈소에서 10일 동안 통곡하면서 단식하다가 죽었다.

244 黃一皓(황일호, 1588~1641): 본관은 昌原, 자는 翼就, 호는 芝所. 음보로 운봉현감·전주판관·임천군수 등을 역임하고, 1635년 증광문과에 급제하였다. 그 뒤 세자시강원문학을 거쳐 1636년 장령이 되었다. 병자호란이 일어나자 인조를 호종하여 남한산성에 들어가서 督戰御史로 전공을 세웠고, 척화를 적극 주장하였다. 난이 끝난 뒤 호종의 공으로 通政大夫에 올라 진주목사에 제수되었다. 1638년 의주부윤으로 있을 때 명나라를 도와 청나라를 치고자 崔孝一 등과 모의하다가 그 사실이 발각되어 1641년 피살되었다.

之書, 寄其甥居義州者, 其甥答書, 以諺書, 備陳曲折, 又言: "黃府尹, 亦歎服, 撫恤吾家."云云。虜見書怒, 出送差虜, 崔族之名, 在諺書中者, 盡爲拿來。右相姜碩期, 欲律以安置絶島, 領相李聖求, 力爭, 以處斬擬律[245], 洪瑞鳳, 密啓救解, 而亦不得。聖求, 阿於鄭命壽, 而實主之也, 鄭命壽出坐南別宮[246], 斬崔旅[247]·張厚建等十一人, 又殺黃一皓。仁廟於黃之死, 尤有所不忍, 密以千金, 緩其禍而終不得。黃之臨死, 其友李德洙[248], 呼其字曰: "平生欲爲國死, 今乃浪死, 誠慘矣." 黃笑曰: "我雖浪死, 猶勝於令

245 擬律(의율): 죄의 경중에 따라 법을 적용함.

246 南別宮(남별궁): 서울 소공동에 있었던 조선왕조의 별궁. 1593년 宣祖가 還都한 뒤에 이곳에서 명나라 장수와 관원들을 접견하였다. 여기에서 유래하여 이후 남별궁으로 불리면서, 명나라와 청나라의 사신을 영접하는 장소로도 쓰였다.

247 崔旅(최려, 생몰년 미상): 崔孝一(?~1644)의 종숙.

248 李德洙(이덕수, 1577~1645): 본관은 韓山, 자는 師魯, 小字는 汝淑, 호는 怡愉堂. 1606년 진사가 되고 1608년 별시문과에 급제하여 승문원에 들어가 檢閱이 되었다가 著作·博士를 역임하였다. 1612년 金直哉의 誣獄이 일어나자 장인인 趙守倫과 함께 연루되어 理山으로 유배되었으며 1618년에 창평으로 이배되었다가 1621년에 풀려났다. 1623년 인조반정으로 收用되어 典簿에 임명된 뒤 예조좌랑 겸 춘추관의 기주관과 지평을 지내고, 1624년 李适) 난 때에는 공조정랑으로 체찰사 李元翼의 종사관이 되어 인조를 공주까지 호가하였다. 1634년 우부승지로 있을 때 姜碩期 등과 인조의 私親인元宗의 入廟 논의에 반대하다가 왕의 노여움을 사 연산에 귀양 갔다가 1636년에 풀려나 승지가 되었다. 이듬해 좌부승지로 관서지방에 武才 시험관으로 갔다가 병자호란을 당하여 부득이 돌아오지 못하고 嶺北으로 향하여 여러 도에 격문을 보내고 격려하다가 이듬해 돌아와 승지가 되었다. 호란 후 청나라의 갖은 횡포가 심하자, 표면상으로 그들을 위문한다는 명목으로 적진에 들어가 적정을 살피고 돌아왔다. 1641년 한때 강원감사로 나갔다 돌아와 이조참의로 있다가 1645년 죽었다.

輩之生."云云。

○崔一孝·車禮亮[249]·車忠亮·車孟允[250]·車元轍[251]·張厚建[252]·安克誠[253], 此灣上七義士, 與黃一皓, 同其謀者也。崔一孝, 潛往南京, 知本事之不成, (仍)亡命, 匿於毅宗[254]陵下, 七日不食, 嘔血而死。車

---

249 車禮亮(차예량, 생몰년 미상): 본관은 延安, 자는 汝明, 호는 風泉. 선천 출신. 車忠亮의 동생이다. 1637년 병자호란이 끝나자 형 忠亮, 義州의 崔孝一 등과 함께 청나라 태종을 죽이기로 밀의하고 면밀하게 계획을 추진했으나, 최효일의 누이 아들인 張厚健이 청나라 使者의 속임수에 빠져 계획이 사전에 누설되어, 함께 밀의에 가담했던 명나라 장수 沈世魁의 偏將 管貴와 함께 南別宮 문 밖에서 처형당했다. 車元轍은 차예량 종제이고, 張厚健은 최효일의 생질이다.

250 車孟允(차맹윤, 생몰년 미상): 《備邊司謄錄》 1796년 7월 19일에 의하면, 車孟胤의 오기. 車孟胤은 車忠亮의 아들이다.

251 車元轍(차원철, 생몰년 미상): 본관은 延安, 자는 善長. 차예량의 사촌으로 일명 車仁亮이다. 최효일 등과 청나라를 칠 계획을 세우고 전답과 가옥을 팔아 큰 배를 사서 최효일을 등주로 보내었는데, 일이 누설되어 죽임을 당하였다.

252 張厚建(장후건, 생몰년 미상): 張厚健의 오기인 듯. 본관은 仁同. 최효일의 생질이며, 의주 출신이다.

253 安克誠(안극성): 七義士의 追贈과 관련된 《承政院日記》 이날 기사 및 《日省錄》의 다수 용례에 의거하면, 安克諴(?~1641)의 오기. 본관은 順興, 자는 子諴. 평안도 용천 거주. 1625년 무과에 급제하였으나, 친구이며 함께 목숨을 바친 崔孝一·車禮亮 등이 명나라와 밀무역을 한 상인인 것으로 보아 그 역시 상인이었으리라고 판단된다. 1627년 정묘호란에 용천 少爲浦에서 의병을 지휘하여 후금군의 배후를 교란하였으며, 椵島에 주둔한 명나라 장수 毛文龍을 도운 공으로 명으로부터 상을 받고, 국내에서도 훈련원 副正에 임명되었다. 뒤에 병자호란의 원수를 갚기 위해 의주인 최효일, 선천인 차예량 등과 모의하여 그들을 중국에 들여보내 청을 정벌하도록 하였다가, 일이 발각되어 1641년 조사나온 청나라 관인에 의해 서울로 압송되어 처형되었다.

254 毅宗(의종): 중국 명나라 마지막 황제 崇禎帝(1628~1644) 朱由檢.

禮亮, 潛使瀋陽, 事露爲胡之所執, 以竹針刺十指, 終不屈, 罵賊而死。(車)忠亮, 禮亮之從弟也, 孟允, 二車之族姪也, 同與被禍於義州。(車)元轍, 忠亮之子也, 年十七, 時我朝差官爲刑官, (欲)有救活之意, 問(之)曰: "汝之姓名, 元轍?"云云, 答曰: "男兒死則死耳, 豈變姓名而生乎? 吾之姓車, 名元轍." 仍死於義州。張厚建, 崔孝一之甥也, 鄭命壽之潛修, 孝一書者也, 死於南別宮下。安克誠, 同與四車, 死於義州。崔旅, 卽孝一之從叔也。

崔鳴吉·李聖求, 至瀋陽, 龍胡[255]問曰: "貴國有斜陽者, 不用大清年號, 下城之日, 不隨駕, 亦不受職云, 然耶?" 斜陽指金尙憲, 胡語如此也。申得淵[256], 到灣上, 被龍胡嗔責, 哀乞生道於命壽, 命壽曰: "若言橫議[257]之人, 則可以得生." 得淵卽書金尙憲·曺漢

---

255 龍胡(용호): 龍骨大(1596~1648)를 가리킴. 他塔喇 英固爾岱(Tatara Inggūldai)인데, 명나라에서는 잉어얼다이(英俄爾岱) 혹은 잉구얼다이(英固爾岱)라고 부른다. 그는 청나라 개국 시기의 유명한 장군이면서, 동시에 理財와 外交에 밝았던 것으로 유명하다. 1636년에 사신으로 仁祖妣 韓氏의 조문을 왔을 때 후금 태종의 尊號를 알리면서 군신의 義를 강요했으나 거절당하였다. 그 후 1636년 12월에 청나라 태종의 지휘 하에 청이 조선 침략을 감행할 때 馬夫大와 함께 선봉장에 섰다.

256 申得淵(신득연, 1585~1647): 본관은 高靈, 자는 靜吾, 호는 玄圃. 1603년 생원시에 합격하고, 1610년 식년문과에 급제하여 文翰官을 거쳐 검열·정언·사예·형조정랑 등을 역임하였다. 1632년 강원도관찰사, 이어서 回答使로 後金에 파견되었다. 다음해 도승지에 임명되었고, 慶尙左道 量田使를 역임한 뒤 世子侍講院賓客으로 청나라에 파견되기도 하였다. 1643년 그의 생질 李烓가 명나라와 밀무역한 것을 알고서 고하지 않았다는 이유로 제주도에 유배되었다.

257 橫議(횡의): 도리에 어긋난 의논.

英[258], 給之。龍胡聞此言, 催促入來於備局, 關子到安東, 金尙憲卽爲發行, 言語動止, 一如平昔。到京城, 上賜貂裘及行資曰: "善爲開陳, 以解其怒." 行到龍灣, 着布衣皀冠, 負於人而入, 入而偃臥, 胡輩亦不嗔責。龍胡問曰: "國王下城之日, 獨以爲淸國不可事, 不爲扈從, 是何意也?" 答曰: "老病不得從行." 又曰: "不受官爵, 何也?" 答曰: "國家以老病, 不能除職." 又曰: "請舟師時, 何以沮撓乎?" 答曰: "吾守吾志, 告于吾君, 國家不用吾言, 微細之言, 何以至於他國乎?" 又曰: "何以謂他國?" 答曰: "各有境界, 安不得謂之他國乎?" 胡輩別無怒色曰: "此人應答甚快, 最難老人." 別定差使, 使之扶護, 且令乘轎而來入瀋中。一如灣上問答, 行則必負於人, 入則必偃臥, 胡人不爲呵噤。及出, 若値路險, 則胡將必下馬, 扶引所乘之轎, 醜虜之尊敬如此。後, 東陽尉申翊聖, 與其弟東江翊全[259], 亦以斥和, 被囚於瀋中而還。丁丑以後, 上密使一二

---

258 曺漢英(조한영, 1608~1670): 본관은 昌寧, 자는 守而, 호는 晦谷. 1627년 생원시에 합격하여 성균관 유생이 되고, 1637년 정시문과에 장원으로 급제하였다. 1639년 지평이 되고, 그 이듬해 청나라가 명나라를 공격하기 위해 水陸軍의 원병을 청하는 동시에 원손을 볼모로 瀋陽에 보내라고 요청하자, 이를 극력 반대하는 萬言疏를 올렸다. 이 사실이 청나라에 알려져 斥和派인 金尙憲·蔡以恒 등과 함께 1641년 심양으로 잡혀가 심한 고문을 받고 투옥되었으나 굽히지 않았다. 더욱이 옥중에서 김상헌의 시문집인《雪窖集》의 편찬을 도왔다. 1642년 심양에서 의주 감옥으로 옮겨졌다가 풀려났다. 1645년 지제교·헌납을 역임하고 지평이 되었을 때 姜嬪事件에 반대하다가 왕의 뜻에 거슬려 빛을 보지 못하였다. 1654년 승지, 1656년 대사간이 되고, 이어 대사성·이조참의·승지를 역임하고 다시 대사성이 되었다. 이후 대사간이 되고 여러 차례 이조참의를 지내면서 남인인 尹鑴의 등용을 적극 반대하다가 면직된 일도 있었다.

大臣(議), 悉陳我國爲中朝事情[260]及亂後事勢, 纂書, 以海路潛送中朝, 書入, 明天子大加褒賞, 登萊[261]軍門, 亦遣差報謝。後, 爲淸國所覺, 平安監司鄭太和, 善言解之, 竟得無事。

○崔鳴吉, 前後賣國之罪, 不可容誅, 然潛送獨步[262]之事, 纂書潛遣之擧, 崔實周旋, 容或少赦其前罪耶? 申安城[263]景禛, 與崔相

---

259 翊全(익전): 申翊全(1605~1660). 본관은 平山, 자는 汝萬, 호는 東江. 아버지는 영의정 申欽이고, 申翊聖의 동생이다. 1628년 학행으로 천거되어 齋郞이 되고, 이어 검열·정언·지평 등을 지냈다. 1636년 별시문과에 급제, 그해 병자호란이 일어나자 청나라에 볼모로 잡혀갔다가 돌아와 부응교·舍人·사간을 거쳐 光州牧使를 지냈다. 1639년에는 서장관으로 燕京에 다녀오기도 하였다. 효종 때 호조·예조·병조의 참판 등을 지내면서 同知春秋館事로《仁祖實錄》편찬에 참여하였고, 그 뒤 한성부의 우윤과 좌윤을 거쳐 도승지에 이르렀다.

260 事情(사정): 문맥상 本情이 더 맞을 듯.

261 登萊(등래): 중국의 登州와 萊州.

262 獨步(독보, 생몰년 미상): 조선 인조 때의 승려. 병자호란 때 명나라에 사신으로 파견된 승려. 호는麗忠, 속명은 中歇이다. 묘향산에서 불도를 닦았다. 淸이 일어나 明과 싸울 때에 강동을 지키고 있던 명나라 都督 沈世魁의 휘하에 있었으며, 심세괴가 죽은 뒤에는 左都督 洪承疇의 밑에 있었다. 청나라 군대가 北京을 침범하려 할 때 적정을 정탐하다 압록강 근처에서 우리 군대에 붙들려 절도사 林慶業에게 이송되었다가 崔鳴吉에게 압송되었다. 때마침 병자호란이 일어나 명나라에 소식을 전할 사람을 구하고 있었을 때였으므로, 1639년 사신으로 명나라에 가서 청나라 군사에 의하여 한漢陽이 함락되었음을 알렸다. 이때 명나라 황제로부터 여충이라는 호를 받았다. 1642년에 본국에 돌아와 많은 상품을 받은 뒤 다시 홍승주의 휘하에 들어갔다. 홍승주가 청나라에 항복한 뒤 다시 임경업의 휘하에서 명나라 登州 등을 내왕하며 연락하였고 명나라가 멸망한 뒤에는 임경업과 함께 북경으로 잡혀 가서 옥살이를 하였다. 그후 본국에 돌아왔으나 간신의 모함으로 蔚山에 유배되었다.

263 安城(안성): 平城의 오기.

謀, 得僧人獨步, 潛入天朝, 備陳丁丑勢窮力屈, 萬不得已之狀, 步得報而歸。其回啓曰: "貴國一段苦情, 天人共鑑, 轉達天聽, 則惻念遐方, 甚爲謹切。貴國歷世, 貞順勞不可泯, 雖暫迫時勢, 見窘於虜, 中朝文武, 方切齒軫念, 豈復忍督(過)權宜之計? 甚不然矣, 安心恊力, 以效桑榆[264]。賢王, 以英明之姿, 遭陽九[265]之會, 文獻名邦, 竟爲犬羊[266]所噬, 胡馬猖獗, 荐食[267]屬國, 而我不整師剪滅[268], 此亦貴藩之刦數也。將來, 願相與密商焉."云云。

○[269]嗚呼, 甲申三月, 胡虜竟入南朝, 毅宗皇帝, 殉于社稷【十九日】。孝廟登位, 亟欲復雪(讐), 與儒臣宋時烈, 日夜密謀, 志業未成, 中道薨殂, 天乎千古志士之痛也。肅廟甲申, 設大報壇[270]於苑中, 以祀皇明。宋時烈, 亦以一間茅屋祭昭王[271]之義, 祀神宗·毅宗

---

264 桑榆(상유): 桑榆之收. 처음의 실수를 나중에 만회함.

265 陽九(양구): 재앙을 이르는 말.

266 犬羊(견양): 변방에 사는 이민족들에 대한 경멸의 뜻을 지닌 뜻으로 쓰이는 말.

267 荐食(천식): 차츰차츰 잠식함.

268 剪滅(전멸): 쳐부수어 멸망시킴.

269 역주자가 표시함.

270 大報壇(대보단): 임진왜란 때 일본의 침략을 저지하고자 조선에 군대를 파견했던 명나라 神宗의 恩義를 추모하기 위해 쌓은 祭壇. 명나라가 망하고 조선이 남한산성의 치욕을 씻기 위해 군신이 절치부심하면서 大明節義를 부르짖던 무렵 청나라에 불복한다는 뜻을 내포하고 지은 단이다. 1704년 예조판서 閔鎭厚의 발의로 옛 內氷庫 터에 지었다. 9월 25일 공사를 시작해 12월 24일 준공될 때까지 많은 물자와 인력이 소비, 동원되었다. 공사의 감독은 당시 선공감 감역으로 있던 金時澤이 맡았다.

271 一間茅屋祭昭王(일간모옥제소왕): 당나라 때 楚昭王의 사당에 遺民들이 사사로

兩皇帝於淸州之華陽洞[272]。後，廷臣聞于上，建廟曰萬東廟[273]。

近見吾黨之士[274]，能知中國事者多，明言我國事者少，蓋務於遠而忽於近之病也。浸浸然至於後，是非之分·邪正之卞，或不明於世，作之，史者莫知所措而擇之。故余以是之懼，略記朋黨之分·士禍之起·壬丁兵亂之作，名之曰我我。愚安敢擬之於知我罪我[275]之義也？其於鬼神在上，焉敢誣也?之戒，吾不爲之辭也。後之史氏，無以人貶言也。

雪下居士，南紀濟仁叟著.

이 제사를 올렸기 때문에 韓退之의 시 〈題楚昭王廟〉의 "아직도 국민들이 옛 덕을 그리워해서, 한 칸 띳집에서 소왕을 제사하네.(猶有國人懷舊德，一間茅屋祭昭王.)"에서 나온 말. 제사를 지내는데 형식보다 정성이 중요하다는 말이다.

272 華陽洞(화양동): 충청북도 괴산군 청천면 화양리 지역. 조선시대 孝宗 때 宋時烈이 한거하던 곳이다.

273 萬東廟(만동묘): 명나라 神宗을 제사지내기 위해 지은 사당. 임진왜란 때 조선을 도와준 데 대한 보답으로 명나라 신종을 제사지내기 위해 1704년 충청북도 괴산군 청천면 화양동에 지은 사당이다. 송시열의 제자 權尙夏가 유림을 동원하여 지은 것이다. 老論 세력의 본산으로 화양서원이 행한 병폐가 적지 않았다.

274 吾黨之士(오당지사): 유학을 하는 선비.

275 知我罪我(지아죄아): 춘추필법을 뜻함. 공자가 周나라 왕실이 어지러워지자 《春秋》를 지어 亂臣賊子를 토벌하였는데, 《춘추》는 天子가 하는 일이므로 공자가 말하기를, "나를 알아주는 것도 오직 《춘추》이며 나를 죄주는 것도 오직 《춘추》이다.(知我者，其惟春秋乎，罪我者，其惟春秋乎.)"라고 한 데서 나온 말이다.

〈병자사략〉 필사본과 연활자본의 이본 대조

문헌 변주

병자사략 이본 대조

남기제의 《아아록(我我錄)》은 정조 때 작성된 이후 다양한 형태로 편찬되어 전해진다. 1849년 10월 화남정사(華南精舍)에서 등사된 것으로 알려진 규장각한국학연구원 소장 필사본(奎 7770)과 1927년 아아록출판사에서 간행한 국립중앙도서관 소장 연활자본(한古朝56-나42)의 각각 권4에 실린 〈병자사략(丙子事略)〉을 비교 텍스트로 삼았다.

萬曆己未, 經略楊鎬, 分四路兵, 擊兒奴哈赤[1], 敗績, 潘崇顔·竇永澄等, 死之。都督劉綎, 率我國之衆, 擊之, 綎及孫一琦·劉松等, 幷死。我國將金應河, 力戰亦死, 天子詔贈遼東伯。元帥姜弘立, 與金景瑞, 降虜而叛[2]。【景瑞, 後[3]潛爲日記, 欲送本國, 爲弘立告發, 被害於賊奴[4].】甲子, 李适之亂, 其黨韓明璉誅, 其子沇逃入奴穴, 以爲我國, 盡殺弘立一門, 誑誘弘立。於[5]丁卯, 弘立誘賊入寇, 夜襲義州, 府尹李莞·判官崔夢亮被殺。賊陷安州, 兵使南以

1 兒奴哈赤: 奴兒哈赤.
2 叛: 反.
3 後: 누락.
4 賊奴: 賊.
5 於: 누락.

興·牧使金俊[6], 自焚死, 上避江都, 世子分朝全州。送弘立三寸姜絪及其妻子於陣前, 弘立知其宗黨之其[7]俱存, 始生悔意。虜亦爲弘立所誘而來, 春夏之間, 潦水大漲, 進退維谷, 出送姜弘立及其所妾胡奴之女, 講和而歸。主和者, 參判崔鳴吉也, 斥和者, 大諫尹煌也。

○己巳, 上國, 以熊廷弼代鎬, 鎬庾死獄中。是年, 兒奴兒哈赤[8], 僭號[9]後金國汗, 衣黃稱朕, 陷瀋陽·遼東。朝廷, 以袁崇煥[10], 代熊廷弼, 大破奴酋, 盡沒其軍, 兒奴哈赤[11]憤恚, 疽發[12]背而死。庚午, 奴賊入寇, 以崇煥不能防禦, 磔殺之。是年, 兒奴哈赤[13]第三子[14]弘他時立。壬申, 仁穆王后之喪, 胡將稱以吊祭, 來探國情, 掌令洪翼漢·館儒尹宣擧, 上疏請斬虜使, 胡將聞而逃去。時鳴吉[15], 上疏請送和使, 校理吳達濟·修撰尹集, 上疏請斬崔鳴吉, 領相金瑬, 亦主和議, 深排吳尹之疏。

---

6 金俊: 金後.
7 其: 누락.
8 兒奴哈赤: 奴兒哈赤.
9 僭號: 僭稱.
10 袁崇煥: 表崇煥.
11 兒奴哈赤: 奴兒哈赤.
12 發: 누락.
13 兒奴哈赤: 奴兒哈赤.
14 三子: 二子.
15 鳴吉: 崔鳴吉.

○丙子春, 同知李廓·僉知羅德憲, 使於奴, 往瀋陽, 金汗弘他時, 僭稱皇帝, 國號淸, 愓廓等參賀。廓抵死不從, 胡奴歐碎廓等, 盡破衣冠, 終不屈, 漢人見之, 至有垂淚者。廓等將還, 汗付答書, 書稱皇帝, 廓等稱以馬病任重, 留置[16]胡書而來。平安監司洪命耈, 以廓等不以嚴辭峻斥, 受來僭號之書, 馳啓請梟, 判書[17]金尙憲, 姑請拿來詳問, 上從之。

○◇[18]冬, 都元帥金自點, 自謂[19]: '今冬奴[20]必不來.' 或言賊來則怒, 不來云則喜, 送軍官申榕於義州, 察其形勢, 到順安, 賊已遍滿, 平安監司, 僅以單騎, 馳入[21]慈母山城。榕回報所見, 自點謂之妄言, 欲斬之。追送軍官, 又回報急, 自點不得已, 始啓之。盖賊之渡江, 不顧城鎭, 稱以講和, 急如風雨, 而邊臣狀啓, 賊皆奪之[22], 故[23]朝廷漠然不知。

○元師金自點, 至兎山, 賊兵大至, 自點棄軍, 以單騎, 上山而走。從事官鄭太和[24], 蒼黃入衙中, 使禦營砲手, 一時放丸, 賊兵

---

16 留置: 留.
17 判書: 吏判.
18 丙子.
19 自謂: 自請.
20 奴: 虜.
21 馳入: 入.
22 奪之: 奪取.
23 故: 누락.
24 鄭太和: 鄭大和.

稍却。

○平安監司洪命耉, 與兵使柳琳, 欲同時進兵, 琳不肯, 命耉欲用軍律, 琳不得已從之。【洪以覲王爲急, 柳以直走瀋陽爲計, 以兵法言之, 柳計得之, 而洪之不從, 只出忠憤而已, 嗚呼惜哉.】兩人, 自此分兵, 至金化, 欲與琳合陣, 琳不從, 又有逗遛之意, 命耉曰: “君父迫在危, 城寧進死, 不可退生.” 拔軍前進, 及其敗沒。琳及李一元, 坐視不戰。

○自點狀啓來後, 朝廷始知賊報, 廟議將入江都, 以沈器遠, 爲留大將[25]。大駕出南門, 賊兵已到弘濟院, 上還入城[26]。大將申景禛[27]【砬子[28]】, 出鎭[29]慕華館, 先遣將官[30]李興業, 領八十騎, 迎擊之。將官以下, 皆與家屬哭別, 過飮酒盃[31], 無不沈醉, 到昌陵越邊, 爲賊盡沒, 只餘數騎。大駕, 自水口門, 入南漢山城。崔鳴吉自請, 往見胡將, 問其深入之意, 答以貴國, 無故渝盟, 更爲約和而來云云。

○賊兵, 隨後大至, 圍城數重, 中外不通。賊之始來也[32], 形色

---

25 留大將: 留都大將.

26 入城: 入.

27 申景禛: 申景稹.

28 협주 누락.

29 出鎭: 出.

30 將官: 將軍.

31 酒盃: 盃酒.

32 也: 누락.

如鬼, 馬皆疲困, 諸將懷懼, 不敢出戰, 可勝痛哉? 馬胡請送王子, 可以爲和, 朝廷以綾峯守爲假啣王子, 以兵判[33]沈諿爲假啣大臣, 出送虜陣。諿, 以爲雖蠻貊[34], 不可欺也, 謂胡曰: “吾非大臣, 彼非王子.” 馬胡怒曰: “東宮◇[35]不來, 不可爲和.” 領相金瑬·左相洪瑞鳳及金藎國·李聖求·崔鳴吉·張維等, 請送東宮於虜陣, 且請稱皇帝, 上不從。禮判[36]金尙憲, 大言於朝曰[37]: “吾當以手釖斬此建議者, 誓不與共戴天日.” 金瑬, 始覺其非, 詣闕待罪。崔鳴吉, 請以牛酒, 送于虜陣, 虜言: “軍中, 日擊牛飮酒, 寶貝如山, 何用此? 爲汝之君臣, 久處石竇, 飢餓已久, 自可用之, 遂不受。

○城中, 日望援兵[38], 寂然無形。忠淸監司鄭世規, 洒淚[39]忘死而來, 陣於廣州, 爲賊所敗, 魯城[40]縣監金弘翼·藍浦縣監李慶善, 俱死於賊, 世規落於絶壑而[41]得生。江原監司趙廷虎, 聞變之初, 卽與營將權井吉, 來到於廣州黔丹山, 後爲賊所敗。參判[42]羅萬

---

33 兵判: 兵曹判書.

34 蠻貊: 蠻貊.

35 若.

36 禮判: 禮曹判書.

37 曰: 누락.

38 援兵: 援軍.

39 洒淚: 灑淚.

40 魯城: 連山.

41 而: 누락.

42 參判: 參議.

甲, 言於上曰: "殿下之臣, 只有鄭世規一人, 趙廷虎其次也。此外皆坐, 視君父之危, 無意覲王[43]." 聖上, 亦豈無憤怒之心哉?

○ 體相金瑬, 親率將士, 往西城督戰, 城下谿谷。虜騎處處藏匿, 賊遂佯退, 瑬督令下擊, 虜騎四面蹴之, 盡戮我軍。且於接戰之際, 多給藥丸, 則或恐[44]耗失, 隨告隨給, 故請藥之聲紛紛, 兩軍相接, 何暇請藥? 只以銃柄, 相搏而已。山坂峻急, 勢難上來而請藥, ◇[45]至於盡死◇[46]。力士趙陽, 出死力戰, 射殺甚衆, 身被九矢[47]而生還。瑬, 自戰自敗, 無所歸咎, 托以北城將元斗杓不救, 將置極律[48]。朝議, 以爲首將失律, 歸罪副將, 事甚未安[49], 瑬不得已, 詣闕待罪。

○ 留都大將沈器遠, 狀啓虛報, 擊殺阿峴敵[50]四五百, 朝廷卽以器遠爲諸道都元帥。及賊追器遠, 器遠仍棄城, 徒走[51]而逃, 往光陵, 入楊根迷源。自點, 亦自兎山逃來, 仍與相會, 避亂而圖生, 可勝誅哉[52]?

---

43 覲王: 勤王.
44 或恐: 恐或.
45 未繼.
46 矣.
47 九矢: 九夭.
48 極律: 極刑.
49 未安: 未妥.
50 敵: 賊.
51 徒走: 徒步.

○丁丑正月初二日, 左相洪瑞鳳等, 往胡中, 胡以黃紙所書, 置案上[53], 使左相以下, 先行四拜禮, 奉書而來。其書曰: "大淸皇帝, 詔諭朝鮮國。我軍, 先年東征, 爾國邀擊, 又助明朝, 荼毒我國, 今朕親統大軍而來, 爾何不令智謀勇敢者, 從而征之, 縮頸不出, 如女人之處閨也."云云。

○吏判崔鳴吉, 製進答書, ◇[54]曰: "朝鮮國王某, 上書于大淸皇帝。至於出城之命, 實出於仁覆之下, 然念重圍未解, 帝怒方盛, 在此亦死, 出城亦死, 以是[55]瞻望龍旅, 分死自決。皇帝, 方以天地生物爲心, 則小邦, 豈不當獲預於全活之中哉."云云。

○禮判金尙憲, 見其書, 手自盡裂, 失聲痛哭, 謂崔鳴吉曰: "台監, 何忍爲此等事耶[56]?" 鳴吉微笑曰: "台監裂之, 我[57]當拾之." 遂收拾補綴。兵判李聖求, 怒曰: "台監, 從前斥和, 使國事至此, 台監, 可往虜中." 尙憲曰: "若送虜中, 得其死所, 是台監之賜也." 仍出[58]寓舍, 逢人輒大哭, 始却飮食, 自期必死, 聞有送虜中之議, 始食之。

---

52 可勝誅哉: 終不勤王.

53 案上: 床上.

54 書.

55 以是: 是以.

56 耶: 也.

57 我: 吾.

58 出: 留.

○鳴吉, 傳國書於虜, 虜不受, 再傳◇[59]又不受。參贊韓汝稷曰: "厥字不書, 故虜[60]不受之, 其一字, 眞骨字[61]也, 今金尙憲已出, 可以急[62]書送." 所謂厥字, 卽[63]臣字◇[64]." 鳴吉然之, 答書卽稱臣, 稱陛下云云。

○前吏參鄭蘊, 上疏曰: "竊聞外間喧傳之說, 昨日使臣之行, 有以稱臣陳乞者云, 此語誠然乎? 果若有之, 必鳴吉之言也, 未知鳴吉稟白定奪而往耶, 抑亦私自臆決有如此言耶? 臣聞之, 心膽俱裂, 嗚咽不能成聲也。前後國書, 皆出於鳴吉之手, 詞極卑諂, 乃一降書也。然猶不書一臣字, 名分猶未定也。今若稱臣, 則君臣之分, 已定矣。君臣之分已定, 則惟命是從, 彼若命之出降, 則殿下其將出降乎? 彼若命之北去, 則殿下其將北去乎? 彼若命之易服行酒, 則殿下其將易[65]服行酒乎? 不從則彼必以君臣之義, 聲罪致討, 然則國已亡矣。到此地頭, 殿下其何以處之乎? 自古及今, 天下國家, 安有長存而不亡者乎? 與其[66]屈膝於犬羊而生[67], 曷若守正而死社稷乎? 況父子君臣, 背城一戰, 則萬無完城

59 而.
60 虜: 누락.
61 骨字: 骨子.
62 急: 急急.
63 卽: 누락.
64 也.
65 將易: 누락.
66 與其: 若.

之理也。我國之於中朝，非如麗季之於金元，父子之恩，其可忘乎？君臣之義，其可背乎？天無二日而鳴吉欲二其日，民無二主而鳴吉欲二其主，是可忍也，孰不忍也？臣身疲力弱，雖不能以手板擊之，而不欲相容於同席之間。伏願痛斥[68]鳴吉之言，以正賣國之罪."云云。

○虜求斥和之臣甚急，備局引見，以洪翼漢爲斥和之首，自其平壤任所，押送[69]胡國。使甑山縣監邊大中，定差押去，結縛拘留，困之百端。如有一分人心者，豈忍如是耶？校理吳達濟·修撰尹集，聯名上蹠[70]，以斥和自首。參判鄭蘊，亦上蹠[71]曰："主辱已極，臣死當矣。臣雖非首請斬使裂書之人，終始主戰，則臣實有之。請以臣應虜人之求."云云。洪翼漢到義州，府尹林慶業，親解其縛，執其手，涕泣曰："君是天下大丈夫也." 解其裘衣之，行裝一一備送之。金瑬·洪瑞鳳·李弘胄入侍， 金瑬請以金尙憲·鄭蘊·吳達濟·尹集·尹煌[72]·金益熙·◇[73]鄭雷卿·李行遇◇[74]等十一人，出送虜陣。盖虜以斥和臣，洪翼漢之外，更無所送，不可講和云，

---

67 於犬羊而生：而生犬羊.

68 痛斥：斥.

69 押送：抽送.

70 上蹠：上疏.

71 上蹠：上疏.

72 吳達濟·尹集·尹煌：尹煌·吳達濟·尹集.

73 金壽翼·尹文擧.

74 洪琢.

故塗難以[75]取舍, 混以爲請, 上亦許送。大諫朴璜, 見金塗[76], 曰: “雖數人可以塞責, 不須多至十餘人。吳尹亦主斥和, 與其多送, 不若此少送之爲愈也.” 只送吳尹者, 從朴璜之言也。吳尹將出虜陣, 略無戚容[77], 上引見, 痛哭[78]賜酒曰: “汝等父母妻子, 予[79]當顧恤.” 吳尹亦流涕拜謝。鳴吉領去, 謂吳尹, 曰: “若從吾言, ◇[80]當無事.”云, 盖詔諛伏罪, 多引黨類之言也。吳尹不答[81], 到虜陣, 鳴吉以帶縛兩人, 親自獻之, 汗賜鳴吉貂裘又酒, 嘉奬歸順之意。執吳尹, 問之曰: “汝何事敗兩國之盟乎?” 吳曰: “我國之於大明, 臣事三百年, 只知有大明, 不知有淸國, 身爲臺諫, 安得不斥之乎?” 尹亦從容直說, 少無諂屈之辭。及起送瀋中也, 尹於路中, 謂吳曰: “備盡窘辱而[82]死於虜地[83], 曷若死於我地耶?” 吳曰: “不可。人生斯世, 固有一死, 死得其所, 明我節義, 豈非樂事? 何必效匹夫之諒乎?” 尹[84]亦笑而頷之。洪瑞鳳, 往虜陣, 龍馬[85]出示江

75 以: 於.
76 金塗: 塗.
77 戚容: 慽容.
78 痛哭: 痛泣.
79 予: 余.
80 君.
81 不答: 不聽.
82 而: 누락.
83 虜地: 虜中.
84 尹: 尹公.
85 龍馬: 누락.

都所獲, 長陵守陵, 宗室珍原君云。以二十二日, 陷江都, 擄大君兄弟及淑儀·嬪宮一行, 到通津, 持大君手書及前相尹昉狀啓, 傳之。是夜, 大臣入對, 以出城定議[86], 東陽尉申翊聖, 於上前, 拔釖擊柱, 失聲涕泣曰: "請斬臣頭。如此然後, 定議[87]."云云。

○出城之議已定, 前禮判金尙憲, 自縊將死, ◇[88] 羅萬甲聞而馳見[89], 則將至絶命之境。羅手自解之, 盡去可縶之物, 使[90]左右扶持, 得免於死[91]。前吏判[92]鄭蘊, 亦以死自決, 作詩繫於衣帶, 曰: "生世[93]何險巇, 三旬月暈中, 一身無足惜, 千乘奈云窮, 外絶覲王士[94], 朝多賣國凶, 老臣何所事, 腰下佩雙鋒." 又有贊曰: "主辱已極, 臣死何遲, 一釖得仁, 視死如歸." 卽[95]以佩刀刺腹, 幸而不死, 羅萬甲又馳往見之, 則鄭大笑曰[96]: "古人有伏釖而死, 伏則犯五臟, 臥則不犯五臟, 今而後, 始知古人伏釖之義." 略無慽容。

○前吏判鄭蘊[97], 上疏[98]曰: "臣之自決, 正不忍見殿下今日之

---

86 定議: 議定.

87 議: 此議.

88 可謂忠臣烈士矣.

89 馳見: 馳往.

90 使: 使人.

91 免於死: 不死.

92 吏判: 吏參.

93 生世: 生.

94 覲王士: 勤王師.

95 卽: 節.

96 大笑曰: 笑言.

事, 一縷殘命, 三日猶存, 臣實怪之。嗚吉旣使殿下稱臣出降, 君臣之分已定矣。臣之於君, 非徒承順之爲恭, 可爭則爭之可也。彼若求納皇明[99]之印, 殿下當爭之曰: '祖宗受用此印, 今將三百年矣。當納之於明朝[100], 不可納於淸國.'云, 彼若求攻天朝之兵, 殿下當爭之曰: '我國之於明朝, 實有父子之恩, 淸國亦知之矣。敎其子而攻其父, 有關於倫紀, 非但攻之者有罪, 敎之者亦有罪.'云, 則雖以彼之凶狡, 亦必諒矣。伏願殿下, 以此數者[101]爭之, 不爲得罪於天下後世."云云。

○正月三十日, 上與世子, 衣藍戎服, 出西門。汗陣於三田浦, 設九層階, 張黃幕, 盛陳兵威, 上行三拜九叩頭之禮, 汗設酒饌, 動軍樂, 贈上貂裘兩襲, 大臣及承旨各[102]一襲, 上服其一襲, 行謝於庭[103]。是日還京, 亦許淑儀, 獜平[104]及夫人, 並爲入城, 東宮·嬪宮, 鳳林與夫人, 將入瀋中, 故仍留陣中。上將行三拜九叩頭之禮, 牽衣涕泣者, 惟◇[105]申翊聖一人, 汗賜饌於我君臣, 時群臣饑

97 吏判鄭蘊: 禮判金尙憲.
98 上䟽: 上疏.
99 皇明: 皇朝.
100 明朝: 明.
101 數者: 二者.
102 各: 누락.
103 庭: 庭中.
104 獜平: 麟平.
105 東陽尉.

餓[106], 皆莫不取食, 獨不食◇[107], 亦東陽尉[108]申翊聖一人而已。

○二月初一日, 罷兵。二日, 汗乃歸。◇[109]三日, 龍馬及鄭命壽, 來闕下, 領相金瑬, 出待之。瑬曰: "今則吾兩國爲父子, 何言不從? 此後, 攻椵島·擊南朝, 惟命是從."云云, 仍抱鄭命壽, 曰: "與判事, 事同一家, 判事所請, 我豈不從? 妾女[110]贖還事, 判事須十分宣力." 命壽苦之, ◇[111]拂衣而去。盖瑬之妾女被虜[112], 故瑬所以[113]納媚於命壽者如此, 而胡俗, 以抱腰爲親切之故也。李聖求笑謂[114]命壽, 曰: "吾子不久, 當入質於瀋陽[115], 令須愛之如子也." 問答之際, 命壽曰: "台言之出於口者, 反不如我肛門出也." 聖求不以爲恥也。大駕出城後, 金尙憲歸安東, 鄭蘊歸安陰, 皆不隨駕, 皆不告歸, 時之主和者, 非之。其後, 柳碩·朴啓榮啓曰: "金尙憲, 方[116]君父陷不測之日, 抽身遠走, 越視王室, 要名取義, 無君不道之罪, 不可不懲." 李汝翊·李道長, 啓曰: "鄭蘊, 刺

106 饑餓: 饑餒.
107 者.
108 東陽尉: 누락.
109 初.
110 妾女: 女子.
111 乃.
112 被虜: 被擄.
113 所以: 之.
114 笑謂: 謂.
115 瀋陽: 瀋中.
116 方: 方當.

刃不死, 義當來覲[117], 而邁邁歸臥[118], 不念君父之罪, 不可不懲.” 云。人心世道[119], 豈至此乎? 前參議鄭弘溟, 起義於全羅之昌平, 至公州, 聞下城之報, 痛哭而[120]罷兵, 覲王[121]而還。澤堂李植, 於出城之後, 亦不告而走, 入永春, 時其老母, 避亂於此。

○去邠之初, 以金慶徵爲檢察使, 其父瑬之所薦也, 以李敏求爲副使, 以張紳爲留守兼守舟師, 往守江都。慶徵之入江都也, 厥母及妻子, 各乘彩轎, 婢子皆着剪帽, 卜馱五十餘匹, 盡用京畿馬夫[122]。有一婢, 騎馬足蹶見落, 慶徵以爲不善保護, 杖京畿陪吏於道左[123], 觀者莫不[124]駭之。副使李敏求·從事洪命一, 先入江都。原任大臣尹昉, 主廟社主, 與原任金尙容等四十人, ◇[125]奉嬪宮·元孫·淑儀·兩大君夫人·駙馬·公主[126], 皆入江都。嬪宮, 到甲串津, 不得渡, 兩晝夜, 留在岸上, 三日凍餒。檢察使之船, 皆在越邊, 不能相通, 嬪宮親自大呼曰: “慶徵慶徵, 何忍爲此?”

---

117 覲: 勤.

118 歸臥: 歸鄕.

119 人心世道: 世道人心.

120 而: 누락.

121 覲王: 勤王.

122 馬夫: 夫馬.

123 道左: 路左.

124 莫不: 無不.

125 及.

126 公主: 公翁主.

張紳聞於慶徵, 艱濟嬪宮以下, 而其他士民避亂者, 一不得渡, 賊奄至驅逐[127], 殆無遺類[128]。慶徵, 運通津·金浦國穀, 名爲賑救島中, 而慶徵親舊·一家外, 無一人得食者。慶徵自謂賊不得渡, 日與李敏求, 朝夕宴樂, 只以盃酒爲事, 不以君父爲念。大臣或有所言, 則◇[129]: "避亂大臣, 何敢指揮?" 大君或有所言[130], 則曰[131]: "當此危疑之地, 大君何可與[132]焉?" 以此, 大君及[133]大臣, 莫敢開口。別坐權順長, 進士金益兼·尹宣擧, 上書於慶徵·敏求, 曰: "薪膽卽事, 盃酒非時." 慶徵益怒[134]。【上書宣擧所製】權順長◇[135], 知其事無奈何, 作義旅, 各守城牒[136], 李惇吾·李尙吉, 亦同爲守牒[137]之議, 而各分其門所。三道舟師, 無一人來者, 忠淸水使姜晉昕, 星夜入援[138]。丁丑正月二十二日, 通津守, 牒報[139]曰: "賊

127 驅逐: 一蹴.

128 無遺類: 盡無類.

129 曰.

130 或有所言: 有言.

131 曰: 누락.

132 可與: 可爲.

133 及: 누락.

134 益怒: 盛怒.

135 等.

136 城牒: 城堞.

137 守牒: 守堞.

138 入援: 入據.

139 牒報: 堞報.

方向都." 慶徵曰: "江氷尙堅, 何能運船?" 謂亂軍情, 欲斬之, 甲串津把守, 亦報如此。慶徵始若驚動, 自守甲串, 軍卒不滿數百。張紳, 爲舟師大將, 向甲串, 姜晉晰率七船, 與敵力戰, 身被數矢, 張紳見敵[140], 無意進擊[141], 晉晰擊鼓揮旗, 督促張紳, 紳終不進。晉晰大呼[142]於船上, 曰: "汝受國厚恩, 何忍爲此? 吾將斬汝." 紳終不動, 仍順流而下。本邑中軍黃善身, 率哨官百餘, 力戰而死。慶徵亦知其無可奈何[143], 乘船而走。

船上力戰, 忠憤慷慨者, 無如晉晰, 而後以不能善戰, 使賊渡江, 遂爲被誅。張紳, 使之自盡於家, 而金吾郎亦不來見, 人疑其逃生。李坰·尹新之·兪省曾, 皆在防禦所, 賊至, 乘船而走, 不過被劾而止。李敏求罪同慶徵, 而慶徵賜死, 敏求安置, 其[144]可謂國有公論乎? ◇[145]

○賊兵四圍, 前右相金尙容, 已知事去, 上南門樓, 据火藥樻[146], 以火落之而死。權順長·金益兼, ◇[147]笑謂尙容, 曰: "大監

---

140 見敵: 見賊.
141 進擊: 進戰.
142 大呼: 太呼.
143 無可奈何: 無奈何.
144 其: 누락.
145 良可寒心而憤痛也.
146 藥樻: 藥櫃.
147 亦至.

欲獨作好事耶?” 仍與同死。尙容之妾孫, 十三歲兒[148]壽全, 奴善承, 順長[149]之[150]奴義男, 在傍[151]而揮之, 不去, 皆爲同焚。與權金◇[152]同事者, 尹宣擧也。權金之將死◇[153], 宣擧謂以永訣其妻而來, 見其妻謂以與友同死之意, 往來妻友[154]之間, 忽生[155]苟免之計, 改名宣卜, 爲奴於陳原君[156]使行而歸。後其子拯, 以爲先人, 初無可死之義, 又云: “權金兩姓, 未免浪死.” 世道至此, 可勝寒心。賊至城外, 謂以講和而來, 請開城門, ◇[157]尹昉以廟社提調, 開門納之。賊入城中, 屠戮一城, 投廟社主於汚溝, 昉收拾, 裹[158]以空石, 載之卜馬, 使婢子乘其上, 後以此[159]黜。昉[160]之子新之, 身以都尉, 在防禦所, 不能死於國, 又棄其父而逃, 其罪尙何言哉? 兪伯曾[161]之疏, 只擧尹昉·慶徵, 而不及於新之者, 何也?

---

148 兒: 童子.
149 順長: 愼長.
150 之: 누락.
151 在傍: 在旁.
152 終始.
153 也.
154 妻友: 友妻.
155 生: 爾.
156 陳原君: 珍原君.
157 原任.
158 裹: 裏.
159 此: 此彼.
160 昉: 尹昉.
161 兪伯曾: 兪伯胄.

◇[162] 都正沈誢, 謂其妻, 曰: “君欲作忠臣妻[163]耶?” 其妻曰: “是吾志也.” 仍與同死, 製疏納於懷中。其疏曰: “臣沈誢, 東向百拜, 上書于南漢城中主上殿下。臣與妻宋氏, 同日自決, 以報國[164].” 李時稷作贊文, 付諸奴, 使[165]遺其子而自決。其文[166]曰: “長江失陷[167], 北軍飛渡, 醉將惶㤼, 偸生背主[168], 義不苟生[169], 甘心自決, 殺身成仁, 俯仰無怍.” 閔垶, 先殺其妻而自決, 一門之內, 十二人皆死。

垶當此時, 謂其妻[170]禹氏, 曰: “汝非士族, 可以去矣.” 禹氏, 談笑自如, 炊飯自喫曰: “主君疑我, 我[171]當決[172]於前, 仍爲自決。

李嘉相, 賊至, 藏其母而身爲被擄, 其妻負其母而逃[173]。嘉相,

---

162 李垌 尙吉之子也 其父死於城中 其子在防禦所而走 以地則罪雖輕於新之 其於棄父 逃命之罪 則所間於新之也.

163 妻: 婦.

164 國: 國恩.

165 使: 使以.

166 其文: 其贊.

167 失陷: 失險.

168 偸生背主: 背主偸生.

169 苟生: 苟且.

170 妻: 妾.

171 我: 누락.

172 決: 先決.

173 逃: 누락.

意謂其母病, 不能自運, 必死於賊, 冒刃逃歸, 來見其母則母不在。病母萬無生理, 不忍獨生, 乃[174]裁書付僧, 使傳其父兄, 以通必死之意, 往來賊陣中, 欲尋其母尸, 終至被害。洪晬寅, 賊刃其母, 以身翼蔽, 受刃而死。李淳吾·李尙吉·宋時榮, 亦皆自決。尹棨, 守南陽, 殉節。

○權順長之妻李氏, 其夫死後, 先縊其三女而自縊, 洪晬寅之妻, 見其夫死於敵[175], 自刎於夫尸之傍, 金槃·李昭漢·鄭百昌·洪命一·李一相之妻, 皆死於節。其時, 婦女之立節◇[176], 不可殫記。【余之高祖妣李氏, 亦[177]殉節於甲申.】金瑬·李聖求·金慶徵·呂爾徵·韓興一·尹宣擧之妻, 亦皆死節。其夫或諂於虜, 或降於賊[178], 或背君而逃, 或爲奴而歸, 其妻以婦女而能辨[179]一命, 爲其夫者能無愧於其妻乎。

金鎏·李聖求, 力主和議, 末乃叙顔[180]諂虜, 金慶徵, 城陷後[181], 棄其母與妻◇[182]逃走。韓興一·呂爾徵, 虜至, 更被新衣曰: 初見他國之

---

174 乃: 仍.

175 敵: 賊.

176 者.

177 亦: 누락.

178 賊: 虜.

179 辨: 辨.

180 叙顔: 奴顔.

181 城陷後: 城陷之日.

人, 不可不整." 先自入拜於賊, 曰: "姜碩期亦在此." 欲招而混其迹[183]也。姜托以足躄, 久而不出, ◇[184]竟舍去。尹宣擧, 其[185]妻友約死, 妻友皆死, 而獨不死, 微服爲奴而生還。

婦女之被擄[186]者非一。而李敏求之妻及其兩子婦之事, 人皆唾罵。【時有一鞭青驢, 兩耳生風之詩.】敏求以爲其妻, 死節於嘉山, 作銘稱譽, 求寫於東陽尉申翊聖, 聞者皆笑。其後, 妻妾之贖還者, 無不依舊同居, 獨張維, 以爲失節之[187]人, 不可爲配。其子善徵之妻, 贖還之後, 陳疏請令改妻, 崔鳴吉啓曰: "如此則怨女必多, 不可不慮." 遂防啓。汗歸後, 立頌德碑於三田浦, 李景奭撰文, 吳峻[188]書之, 呂爾徵篆之。其銘曰: "天子東征, 百萬其師. 有罪伐罪, 知罪待罪." 人或有議, 故改而立之【谿谷張維·澤堂李植, 亦皆作碑文, 而以不合不用, 用李文云.】大駕, 還京[189]之後, 南漢扈從之臣, 皆受賞加秩, 前判書金尙憲, 上疏曰: "駕山城[190]也, 執政·大

---

182 而.

183 迹: 跡.

184 賊.

185 其: 與.

186 被擄: 被虜.

187 之: 누락.

188 吳峻: 吳竣.

189 還京: 還城.

190 山城: 住山城.

臣, 爭勸出城, 而臣敢以死守之義, 妄陳榻前, 臣罪一也。降書文字, 有所不忍見者, 手毁其草[191], 痛哭廟堂, 臣罪二也。兩宮親詣賊營, 臣旣不能碎首馬前, 病又不能從行, 臣罪三也。臣負此三罪, 尙逭刑章, 豈敢與諸臣之終始[192]羈歸[193]者, 均蒙恩數也? 嗚呼, 無信一時之要盟, 無忘前日之大德, 毋[194]過恃虎狼之仁, 毋[195]輕絶父母之恩。每想先王奏聞[196]萬折必東之語, 不覺感涕之[197]沾衣也."云云。洪翼漢到瀋陽, 汗招問斥和之由, 翼漢脫衣赤立, 抗言不屈, 以文字書示◇[198]曰: "四海之內, 皆爲兄弟而無父子之義也。金國渝盟稱帝, 果若渝盟, 則是悖兄弟也, 果若稱帝, 則是二天子也。門庭之內, 寧[199]有悖兄弟也, 覆載之間, 豈有二天子乎? 金國之於朝鮮, 新有交隣之約, 大明之於朝鮮, 舊有字小[200]之恩, 棄[201]深結之舊恩, 而[202]守先背之空約, 於理甚不可, 於事甚不

191 其草: 其書.
192 終始: 終治.
193 羈歸: 羈豹.
194 毋: 無.
195 毋: 無.
196 奏聞: 奏文.
197 感涕之: 누락.
198 之.
199 寧: 豈.
200 字小: 莫大.
201 棄: 忘.
202 而: 누락.

當。首建此議, 欲守禮義, 是臣職耳。雖被誅戮, 實所甘心, 魂去飛天, 歸遊故國, 快哉快哉。惟願速死."云云。與吳尹兩學士, 同日就死。後許積, 以三學士謂之, 喜死釣名之輩云, 世道之憂, 豈不大哉? 賊還之時, 留孔有德·耿仲明, 與我國合勢, 攻椵島, 我國以柳琳爲首將, 以林慶業爲副將, 攻之。島險難攻, 問策于慶業, 慶業畫之, 賊用是計, 而陷島。慶業以攻島之功, 受賊之爵云, 以慶業而乃如是耶? 未可知也。及其入島也, 我國之人, 殺掠漢人, 甚於胡兵[203]。嗚呼! 人無人心, 豈至於斯乎? 都督沈世魁, 率手下兵登山, 賊誘之曰: "若降則當富貴." 沈曰: "堂堂大明之臣, 豈降於犬羊乎?" 遂力戰而死。己卯, 賊命助兵, 攻天朝, 以林慶業爲上將, 以李浣爲副將, 送之。判書金尙憲, 上疏曰: "伏聞朝廷, 從北使之言, 將發兵五千, 助瀋陽犯大明。臣聞之, 驚惑未定。夫臣之於主, 有可從不可從者。當國家勢弱力屈, 姑爲目前圖存之計, 而以殿下撥亂反正之志, 臥薪嘗膽, 今已三年, 雪恥復讎, 庶幾指日仰望, 而豈意愈往愈甚, 事事曲從, 至於無所不至之地乎? 自古無不死之人, 亦無不亡之國, 死亡可忍, 從逆不可爲。有復於殿下者曰: '人有助寇讎[204], 攻父母.' 殿下必命有司治之。其人雖善辭而自解, 必加王法, 此天下之通道也。雖以利害論之, 徒畏强鄰一朝之暴, 不懼天子六師之移, 非遠計也。關下列屯[205]

---

203 胡兵: 虜兵.

204 寇讎: 仇讎.

之兵，海上樓船之卒，雖不足於掃氈復疆，其於禁我國爲梗則有餘矣。若聞我國爲倀鬼於虎前，問罪之師[206]，直到於海西，毋謂可畏者獨在於瀋陽也。人皆曰：'彼勢方强，違之必有禍.' 臣以爲名義至重，犯之必有殃。與其負義而終不免危亡，曷若守正而俟命於天乎？今[207]若棄義忘恩，忍此爲擧，則縱不顧天下後世之議，將何以見先王於地下，亦何以使臣下盡意[208]於國哉."云云。

○林慶業·李浣，率兵而赴瀋[209]，潛通天朝，密謀攻賊，每於接戰，去鏃[210]而射之，爲賊所覺，慶業拘於胡中[211]，浣出送遠謫。砲手李士龍，星州土兵也，爲慶業部下卒，放砲不丸。虜知之，擬刃於頸。士龍不動，虜釋之，士龍復如是者三，虜怒而殺之，士龍罵賊，不屈而死。天將祖大壽，牒知之，大書旗上，揭示曰："朝鮮義士，李士龍."

林慶業·李浣，領舟師，至登州，密使投水人，諭[212]意於天朝都督軍門[213]。天朝，付一封書，遣還，備言壬辰東征之恩，又言目今中朝危迫

---

205 列屯：列此.
206 師：使.
207 今：令.
208 意：義.
209 瀋：누락.
210 去鏃：去簇.
211 胡中：虜中.
212 諭：喩.

之勢, 又言若縛虜賊以來, 分天下封萬戶云云。慶業垂涕大息, 將欲捲甲歸正[214], 浣以貽禍本朝止之。遙見天兵, 發砲揮軍, 使天兵覺而避之。◇[215]又去鏃[216]射之, 虜怒而詰之, 慶業逐條以對, 指天爲誓。浣只卞而不誓, 虜[217]又詰之, 浣正色曰: "士大夫不爲此." 浣放還而謫元山, 十年耕田[218], 慶業拘虜中, 從後還國, 爲自點矯詔潛殺。浣至孝廟卽位, 召還爲將, 與◇[219]宋時烈, 密謀復讎大義[220]。己亥, 孝廟薨而事遂止。嗚呼! 痛哉。

鄭雷卿, 以春坊在瀋陽[221], 時我國以生梨紅柿等物, 送於汗, 鄭命壽改其文書, 減其半。鄭雷卿[222], 欲因此事, 除去命壽, 與司書金宗一·漢人之被虜者[223], 同心結約, 欲幷殺龍馬。事覺, 龍馬怒先殺漢人, 又詰責我國[224]。上欲遣使救解, 相臣崔鳴吉曰: "如此則益致其怒, 莫若先爲賜死之爲愈也." 仍賜死雷卿, 宗一拿來遠

213 軍門: 軍.
214 歸正: 歸還.
215 仍.
216 去鏃: 去簇.
217 虜: 누락.
218 耕田: 畊田.
219 儒臣.
220 大義: 누락.
221 瀋陽: 瀋中.
222 鄭雷卿: 雷鄕.
223 被虜者: 被擄者.
224 我國: 我朝.

謫。盖朴簹, 從前奉使虜中, 與龍馬及鄭命壽, 結爲兄弟, 至於相視其妻子, 其親切可知也。簹入瀋陽[225], 與雷卿, 同處館中, 雷卿見簹◇[226]行麤, 心鄙之, 不與之同坐。至是, 雷卿之死, 是簹之所嗾也。

○崔孝一, 義州品官也。丁丑之後, 慨然自廢, 閉門不出, 府尹黃一皓, 嘉其志, 遇之甚厚。忽一日, 盡賣家產田宅, 浮海而去, 入于皇朝。鄭命壽者, 本以宣川人, 聞知此事[227], 囑奴[228]僞作孝一之書, 寄其甥居義州者, 其甥答書, 以諺書, 備陳曲折, 又言: "黃府尹, 亦歎服, 撫恤吾家."云云。虜見書怒, 出送差虜, 崔族之名, 在諺書中者, 盡爲拿來。右相姜碩期, 欲律以安置絶島, 領相李聖求, 力爭, 以處斬擬律, 洪瑞鳳, 密啓[229]救解, 而亦不得。聖求, 阿於鄭命壽, 而實主之也, 鄭命壽出坐南別宮, 斬崔旅·張厚建[230]等十一人, 又殺黃一皓。仁廟於黃之死, 尤有所不忍, 密以千金, 緩[231]其禍而終不得。黃之臨死, 其友李德洙, 呼其字曰: "平生欲爲國死, 今乃浪死, 誠慘矣." 黃笑曰: "我雖浪死, 猶勝於令輩之生."云云。

---

225 瀋陽: 瀋中.

226 之.

227 此事: 其事.

228 囑奴: 囑虜.

229 密啓: 密箚.

230 張厚建: 張厚健.

231 緩: 援.

○崔一孝[232]·車禮亮·車忠亮·車孟允[233]·車元轍·張厚建[234]·安克誠, 此灣上七義士, 與黃一皓, 同其謀者也。崔一孝[235], 潛往南京, 知本事之不成, ◇[236]亡命, 匿於毅宗陵下, 七日不食, 嘔血而死。車禮亮, 潛使瀋陽, 事露爲胡之[237]所執, 以竹針[238]刺十指, 終不屈, 罵賊而死。忠亮[239], 禮亮之從弟也, 孟允[240], 二車之族姪[241]也, 同與被禍於義州。元轍[242], 忠亮之子也, 年十七, 時我朝差官爲刑官, ◇[243]有救活之意, 問[244]曰: "汝之姓名, 元轍?"云云, 答曰: "男兒死則死耳, 豈變姓名而生乎? 吾之姓車, 名元轍." 仍死於義州。張厚建[245], 崔孝一之甥也, 鄭命壽之潛修, 孝一書者也, 死於南別宮下。安克誠, 同與四車, 死於[246]義州。崔旅, 卽孝一之從叔也。◇[247]

---

232 崔一孝: 崔孝一.
233 車孟允: 車孟久.
234 張厚建: 張厚健.
235 崔一孝: 崔孝一.
236 仍.
237 之: 누락.
238 竹針: 竹籤.
239 忠亮: 車忠亮.
240 孟允: 車孟久.
241 族姪: 族經.
242 元轍: 車元轍.
243 欲.
244 問: 問之.
245 張厚建: 張厚健.
246 於: 누락.
247 七義士外 連坐被禍者 亦十餘人 崔族諸人是也 姓名未傳 可惜 或死於南宮 或死於義州 忠亮·元轍死於南宮云 未詳 可歎.

崔鳴吉·李聖求, 至瀋陽, 龍胡問[248]曰: "貴國有斜陽者, 不用大清年號, 下城之日, 不隨駕, 亦不受職云, 然耶?" 斜陽指金尙憲, 胡語如此也。申得淵, 到灣上, 被龍胡嗔責, 哀乞生道於命壽[249], 命壽曰: "若言横議之人, 則[250]可以得生." 得淵卽書金尙憲·曺漢英, 給之。龍胡聞此言, 催促入來於[251]備局, 關子到安東, 金尙憲卽爲發行, 言語動止, 一如平昔[252]。到京城, 上賜貂裘及[253]行資曰: "善爲開陳, 以解其怒." 行到龍灣, 着布衣皀冠, 負於人而入, 入而偃臥, 胡輩亦不嗔責[254]。龍胡問曰: "國王下城之日, 獨以爲淸國不可事, 不爲扈從, 是何意也?" 答曰: "老病不得從行." 又曰: "不受官爵, 何也?" 答曰: "國家以老病, 不能除職." 又曰: "請舟師時, 何以[255]沮撓乎?" 答曰: "吾守吾志, 告于吾君, 國家不用吾言, 微細之言, 何以至於他國乎?" 又曰: "何以謂他國?" 答曰: "各有境界, 安不得[256]謂之他國乎?" 胡輩別無怒色曰: "此人應答甚快, 最難老人." 別定差使, 使之扶護, 且令乘轎而來入瀋中。

---

248 問: 누락.
249 命壽: 鄭命壽.
250 則: 누락.
251 於: 누락.
252 一如平昔: 如昔.
253 及: 누락.
254 嗔責: 嗔怒.
255 何以: 何.
256 不得: 得不.

一如灣上問答, 行則必負於人, 入則必偃臥, 胡人不爲呵噤。及出, 若値路險, 則胡將必下馬, 扶引所乘之轎, 醜虜之尊敬◇[257]如此。後, 東陽尉申翊聖, 與其弟東江翊全, 亦以斥和, 被囚於[258]瀋中而還。丁丑以後, 上密使一二大臣, 悉陳我國爲中朝事情及亂後事勢, 纂書, 以海路潛送中朝, 書入, 明天子[259]大加褒賞, 登萊軍門, 亦遣差報謝。後, 爲淸國所覺, 平安監司鄭太和, 善言解之, 竟得無事。

○崔鳴吉, 前後賣國之罪, 不可容誅, 然潛送獨步之事, ◇及纂書潛遣之擧, 崔實周旋, 容或少赦其前罪耶? 申安城[260]景禛[261], 與崔相謀, 得僧人獨步, 潛入天朝, 備陳丁丑勢窮[262]力屈, 萬不得已之狀, 步得報而歸。其回啓[263]曰: "貴國一段苦情, 天人共鑑, 轉達天聽, 則惻念遐方, 甚爲謹切[264]。貴國歷世, 貞順勞不可泯, 雖暫迫時勢, 見窘於虜, 中朝文武, 方切齒軫念, 豈復忍督[265]權宜之計? 甚不然矣, 安心恊力, 以效桑楡。賢王, 以英明之姿, 遭陽九之會,

257 盖.
258 於: 누락.
259 明天子: 天子.
260 安城: 平城.
261 景禛: 景禎.
262 勢窮: 理窮.
263 回啓: 回咨.
264 謹切: 勤切.
265 督: 督過.

文獻名邦, 竟爲犬羊所噬, 胡馬[266]猖獗, 荐食屬國, 而我不整師[267]剪滅, 此亦貴藩[268]之刦數也。將來, 願相與密商焉[269]."云云。

○嗚呼, 甲申三月, 胡虜竟入南朝, 毅宗皇帝, 殉于社稷【十九日[270]】。孝廟登位, 亟欲復雪, 與儒臣宋時烈, 日夜密謀, 志業未成, 中道薨殂, 天乎千古志士之痛也。肅廟甲申, 設大報壇於苑中, 以祀皇明。宋時烈, 亦以一間茅屋祭昭王之義, 祀神宗·毅宗兩皇帝於淸州之華陽洞。後, 廷臣聞于上, 建廟曰萬東廟。

近見吾黨之士, 能知中國事者多, 明言我國事者少, 蓋務於遠而忽於近之病也。浸浸然至於後, 是非之分·邪正之卞, 或不明於世, 作之, 史者莫知所措而擇之。故余以是之懼, 略記朋黨之分·士禍之起·壬丁兵亂之作, 名之曰我我。愚安敢擬之於知我罪我之義也? 其於鬼神在上, 焉敢誣也?之戒, 吾不爲之辭也。後之史氏, 無以人貶言也[271]。

雪下居士, 南紀濟仁叟著.

---

266 胡馬: 胡爲.

267 整師: 整旅.

268 貴藩: 貴濇.

269 焉: 爲.

270 十九日: 三月十九日也.

271 후기 전체 누락.

찾아보기

ㅅ

ㅇ

ㅍ

ㅎ

병자사략

丙子事略

영인 자료

《我我錄》 卷4, 華南精舍 등사본, 1849, 규장각한국학연구원 소장

여기서부터는 影印本을 인쇄한 부분으로 맨 뒷 페이지부터 보십시오.

任京城庚子九月皆撤還張國忠馬世良鄧子龍史
儒楊萬金馬世隆李有升盧得功等八將皆戰亡於
我國○沈惟敬李宗城力主和議論以辱國下錦衣
獄三年論棄市丁應泰以誣陷本國削職爲民石星
初排衆議出兵來援未聽惟敬之言又主和議庾死
獄中蕭應宮申救惟敬削職楊元以不救我國將士
之死潰圍而走被繫遼陽梟首○天將前後來援者
二百七十餘員前後兵十四萬二千七百餘人留兵
二萬四千餘人共計二十二萬一千五百餘人粮十
萬餘石銀四萬餘兩

丙子事略

萬曆己未經略楊鎬分四路兵擊兒奴哈赤敗績潘
崇顏賈永澄等死之都督劉綎率我國之衆擊之綎
及孫一琦劉招等并死我國將金應河力戰亦死天
子詔贈遼東伯元帥姜弘立與金景瑞降虜而叛景瑞
(後潛爲日記欲出本國爲弘立告變被害於賊奴)
甲子李适之亂其黨韓明璉誅其子沇逃入奴穴以
爲我國盡殺弘立一門誑誘弘立於丁卯弘立誘賊
入寇夜襲義州府尹李莞判官崔夢亮被殺賊陷安
州兵使南以興牧使金俊自焚死 上避江都世子
分朝全州送弘立三寸姜絪及其妻子於陣前弘立
知宗黨之其俱存始生悔意虜亦爲弘立所誘而來

春夏之間遼水大漲進退維谷出送姜弘立及其所
妻胡奴之女請和而歸主和者參判崔鳴吉也所和
者大諫尹煌也○己巳上國以熊廷弼代鎬鎬瘐死
獄中是年兒奴哈赤僭號後金國汗衣黃稱朕陷瀋
陽遼東朝廷以袁崇煥代熊廷弼大破奴酋盡沒其
軍兒奴哈赤憤恚疽發背而死庚午奴賊入寇以崇
煥不能防禦磔殺之是年兒奴哈赤第三子弘他時
立壬申　仁穆王后之喪胡將稱以弔祭來探國情
掌令洪翼漢館儒尹宣擧上疏請斬虜使胡將聞而
逃去時鳴吉上疏請送和使校理吳達濟修撰尹集
上疏請斬崔鳴吉領相金瑬亦主和議深排吳尹之

疏○丙子春同知李廓僉知羅德憲使於奴往瀋陽
金汗洪他時僭稱皇帝國號清劫廓等恭賀廓抵死
不從胡奴拒碎廓等盡破衣冠終不屈漢人見之至
有垂淚者廓等將還汗付答書書稱皇帝廓等稱以
馬病任重留置胡書而來 平安監司洪命耈以廓等
不以嚴辭峻斥受來僭號之書 馳啓請梟判書金尚
憲姑請拿來詳問 上從之○冬都元帥金自點自
謂今冬奴必不來或言賊來則怒不來云則喜送軍
官申榕於義州察其形勢到順安賊已遍滿平安監
司僅以單騎馳入慈母山城榕回報所見自點謂之
妄言欲斬之退送軍官又回報急自點不得已始啓

之盖賊之渡江不顧城鎮稱以講和急如風雨而過
臣狀啓賊皆奪之故朝廷漠然不知○元帥金自點
至兔山賊兵大至自點棄軍以單騎上山而走從事
官鄭太和蒼黃入街中使御營砲手一時放丸賊兵
稍却○平安監司洪命耇與兵使柳琳欲同時進兵
琳不肯命耇欲用軍律琳不得已從之洪以覲王爲急柳以直走
瀋陽爲計以兵法言之柳計得之而洪也不從只出忠憤而已嗚呼惜哉兩人自此分兵
至金化欲與琳合陣琳不從又有逗遛之意命耇曰
君父迫在危城寧進死不可退生挨軍前進及其敗
沒琳及李元一坐視不救○自點狀啓來後朝廷始
知賊報廟議將入江都以沈器遠爲留大將 大駕

出南門賊兵已到弘濟院 上還入城大將申景禛砬子出鎮慕華舘先遣將官李興業領八十騎迎擊之將官以下皆與家屬哭別過飲酒盃無不沉醉到昌陵越邊爲賊盡沒只餘數騎 大駕自水口門入南漢山城崔鳴吉自請往見胡將問其深入之意答以貴國無故渝盟更爲約和而來云云○賊兵隨後大至圍城數重中外不通賊之始來也形色如鬼馬皆疲困諸將懷懼不敢出戰可勝痛哉馬胡請送王子可以爲和朝廷以綾峯守爲假御王子以兵判沈諿爲假御大臣出送虜陣謂以爲雖蠻貊不可欺也謂胡曰吾非大臣假非王子馬胡怒曰東宮不來不可

爲和領相金瑬左相洪瑞鳳及金藎國李聖求崔鳴
吉張維等請送東宮於虜陣且請稱皇帝 上不從
禮判金尙憲大言於朝曰吾當以手劍斬此建議者
誓不與共戴天日金瑬始覺其非詣闕待罪崔鳴吉
請以牛酒送于虜陣虜言軍中日擊牛飮酒寶貝如
山何用此爲汝之君臣久處石窟飢餓已久自可用
之遂不受○城中日望援兵寂然無形忠淸監司鄭
世規洒涙忘死而來陣於廣州爲賊所敗魯城縣監
金弘翼藍浦縣監李慶善俱死於賊世規落於絶壑
而得生江原監司趙廷虎聞變之初卽與營將權井
吉來到於廣州黔丹山後爲賊所敗參判羅萬甲言

於上曰殿下之臣只有鄭世規一人趙廷虎其次也此外皆坐視君父之危無意覲王聖上亦豈無憤惋之心哉○體相金瑬親率將士往西城督戰城下谿谷虜騎處處藏匿賊遂佯退瑬督令下擊虜騎四面蹴之盡殲我軍且於接戰之際多給藥丸則或恐耗失隨告隨給故請藥之聲紛紛兩軍相接何暇請藥只以銃柄相搏而已山岅峻急勢難上來而請藥至於盡死力士趙陽出死力戰射殺甚衆身被九矢而生還瑬自戰自敗無所歸咎托以北城將元斗杓不救將置極律朝議以爲首將失律收罪副將事甚未安瑬不得已詣闕待罪○留都大將沈器遠狀啓虛

報擊殺何峴敵四五百朝廷即以器遠爲諸道都元帥及賊追器遠器遠仍棄城徒走而逃往光陵入楊根迷源自點亦自兎山逃來仍與相會避乱而圖生可勝誅哉○丁丑正月初二日左相洪瑞鳳等往胡中胡以黃帝所書置床上使左相以下先行四拜禮奉書而來其書曰大淸皇帝詔諭朝鮮國我輩先年東征爾國邀擊又助　明朝荼毒我國今朕親統大軍而來爾何不令智謀勇敢者從而征之縮頸不出如女人之處閨也云云○吏判崔鳴吉製進答書曰朝鮮國王某上書于大淸皇帝　至於出城之命實出於仁覆之下然愈重圍未解帝怒方嚴在此亦死出

城亦死以是瞻望龍旂分死自決皇帝方以天地生
物爲心則小邦豈不當獲預於全活之中哉云云○
禮判金尚憲見其書手自盡裂失聲痛哭謂崔鳴吉
曰台監何忍爲此等事耶鳴吉微笑曰台監裂之我
當拾之遂收拾補綴兵判李聖求怒曰台監從前斥
和使國事至此台監可往虜中尚憲曰若送虜中得
其死所是台監之賜也仍出寓舍逢人輒大哭始却
飮食自期必死聞有送虜中之議始食之○鳴吉傳
國書於虜虜不受再傳又不受希積韓汝稷曰厥字
不書故虜不受之其一字眞骨字也今金尚憲已出
可以急書送所謂厥字卽臣字鳴吉然之答書卽稱

臣稱陛下云云○前參議鄭蘊上䟽曰竊聞外間喧傳之說昨日使臣之行有以稱臣陳乞者云此語誠然乎果若有之必鳴吉之言也未知鳴吉稟白定奪而往耶抑亦私自臆決有如此言耶臣聞之心膽俱裂嗚咽不能成聲也前后國書皆出於鳴吉之手詞極卑諂乃一降書也然猶不書一臣字名分猶未定也今若稱臣則君臣之分已定矣君臣之分已定則惟命是從彼若命之出降則 殿下其將出降乎彼若命之北去則 殿下其將北去乎彼若命之易服行酒則 殿下其將易服行酒乎不從則彼必以君臣之義聲罪致討然則國已亡矣到此地頭 殿下

其何以處之乎自古及今天下國家安有長存而不亡者乎與其屈膝於犬羊而生曷若守正而死社稷乎況父子君臣背城一戰則萬無完全之理也我國之於中朝非如麗季之於金元父子之恩其可忘乎君臣之義其可背乎天無二日而鳴吉欲二其日民無二王而鳴吉欲二其王是可忍也孰不可忍也臣身疲力弱雖不能以手板擊之而不欲相容於同席之間伏願痛斥鳴吉之言以正賣国之罪云云○屢求斥和之臣甚急備局引見以洪翼漢爲斥和之首自其平壤任所押送胡國使甑山縣監邉大中定差押去結縛拘留囚之百端如有一分人心者豈忍如

是郞校理吳達濟修撰尹集聯名上疏以斥和自首
叅判鄭蘊亦上疏曰主辱已極臣死當矣臣雖非首
請斬使裂書之人終始主戰則臣實有之請以臣應
虜人之求云云 洪翼漢到義州府尹林慶業親解
其縛執其手涕泣曰君是天下大丈夫也解其裘衣
之行裝一一備送之金瑬洪鳳瑞李弘胄入侍金瑬
請以金尙憲鄭蘊吳達濟尹集尹煌金益熙鄭雷卿
李行遇等十一人出送虜陣盖虜以斥和臣洪翼漢
之外更無所送不可講和云故瑬難以取舍混以爲
請 上亦許送大諫朴潢見金瑬曰雖數人可以塞
責不須多至十餘人吳尹力主斥和與其多送不若

此步送之爲愈也只送吳尹者從朴潢之言也吳尹將出虜陣略無戚容 上引見痛哭賜酒曰汝等父母妻子予當顧恤吳尹亦流涕拜謝鳴吉領去謂吳尹曰若從吾言當無事云蓋諂諛伏罪多引藁顏之言也吳尹不荅到虜陣鳴吉以帶縛兩人親自獻之汗賜鳴吉貂裘及酒嘉獎敵順之意執吳尹問之曰汝何事敗兩國之盟乎吳曰我國之於大明臣事三百年[illegible](作知)有大明不知有淸国身爲臺諫安得不作之乎尹亦從容直說少無諂屈之辭及起送瀋中也尹於路中謂吳曰備盡窘辱而死於虜地曷若死於我地耶吳曰不可人生斯世固有一死死得其所明我

節義豈非樂事何必效匹夫之諒乎尹亦笑而頷之
洪瑞鳳往虜陣龍馬出示江都所獲長陵守陵宗室
珍原君云以二十二日陷江都擄大君兄弟及淑儀
嬪宮一行到通津持大君手書及前相尹昉狀啓傳
之是夜大臣入對以出城之議東陽尉申翊聖於
上前拔劍擊柱失聲涕泣曰請斬臣頭如此然後定
議云云○出城之議已定前禮判金尚憲自縊將死
羅萬甲聞而馳見則將至絶命之境羅手自解之盡
去可繫之物使左右挾持得免於死前吏判鄭蘊亦
以死自決作詩繫於衣帶曰生世何險巇三旬月暈
中一身無足惜千乘奈云窮外絶勤王士朝多賣國

主老臣何所事腰下佩雙鋒又有贊曰主辱已極臣死何遲一釼得仁視死如歸即以佩刀刺腹幸而不死羅萬甲又馳往見之則鄭大笑曰古人有伏釼而死伏則杷五臟卧則不杷五臟今而後始知古人伏釼之義略無慽容○前吏判鄭蘊上疏曰臣之自決正不忍見 殿下今日之事一縷殘命三日猶存臣實惟之鳴吉既使 殿下稱臣出降君臣之分已定矣臣之於君非徒承順之爲悲可爭則爭之可也彼若求納皇明之印 殿下當爭之曰祖宗受用此印今將[illegible][作三]百年矣當納於明朝不可納於淸國云彼若求攻天朝之兵 殿下當爭之曰我國之於明朝實

有父子之恩淸國亦知之矣敎其子而攻其父有關於倫紀非但攻之者有罪敎之者亦有罪云則雖以彼之凶狡亦必諒矣伏願　殿下以此數者爭之不爲得罪於天下後世云云○正月三十日　上與世子衣藍戎服出西門汗陣於三田浦設九層階張黃幕盛陳兵威　上行三拜九叩頭之禮汗設酒饌動軍樂贈　上貂裘兩襲大臣及承旨各一襲　上服其一襲行謝於庭是日還京亦許淑儀備平及夫人並爲入城東宮嬪宮鳳林與夫人將入瀋中故仍留陣中　上將行三拜九叩頭之禮牽衣涕泣者惟中翊聖一人汗賜饌於我君臣時群臣饑餓莫不敢食

獨不食亦東陽尉中翊聖一人而已○二月初一日
罷兵二日汗乃歸三日龍馬及鄭命壽來闕下領相
金瑬出待之瑬曰今則吾兩國爲父子何言不從此
後攻椵島聲南朝惟命是從云云仍抱鄭命壽曰與
判事事同一家判事所請我豈不從妾女贖還事判
事須十分宣力命壽苦之拂衣而去蓋瑬之妾女被
虜故瑬所以納媚於命壽者如此而胡俗以抱腰爲
親切之故也李聖求笑謂命壽曰吾子不久當入質
於瀋陽今須愛之如子也問荅之際命壽曰台言之
出於口者反不如我肛門出也聖求不以爲恥也
大駕出城後金尚憲故安東鄭蘊故安陰皆不隨

駕皆不告啟時之主和者非之其後柳碩朴啓榮啓曰金尚憲方君父陷不測之日抽身遠走越視王室要名假義無君不道之罪不可不懲李汝翊李道長啓曰鄭蘊刺腹不死義當來覲而邁邁啟臥不念君父之罪不可不懲云人心世道豈至此乎前參議鄭弘溟起義於全羅之昌平至公州聞下城之報痛哭而罷兵覲王而還澤堂李植於出城之後亦不告而走入永春時其老母避亂於此去郡之初以金慶徵爲檢察使其父瑬之所薦也以李敏求爲副使以張紳爲留守兼守舟師往守江都慶徵之入江都也厥母及妻子各乘彩轎婢子皆着羃帽卜駄

五十餘匹盡用京畿馬夫有一婢騎馬走蹶見落慶
徵以爲不善保護杖京畿陪吏於道左觀者莫不駭
之副使李敏求從事洪命一先入江都原任大臣尹
昉主廟社主與原任大臣金尚容等四十人奉嬪宮
元孫淑儀兩大君夫人駙馬公主皆入江都嬪宮到
甲串津不得渡兩晝夜留在岸上三日凍餒檢察使
之船皆在越邊不能相通嬪宮親自大呼曰慶徵慶
徵何忍爲此張紳聞於慶徵艱濟嬪宮以下而其他
士民避亂者一不得渡賊奄至驅逐殆無遺類
慶徵運通津金浦國穀名爲賑救島中而慶徵親舊
一家外無一人得食者慶徵自謂賊不得渡日與李

徵求朝夕宴樂只以盃酒爲事不以君父爲念大臣
或有所言則避亂大臣何敢指揮大君或有所言則
曰當此危疑之地大君何可與焉以此大君及大臣
莫敢開口別坐權順長進士金益兼尹宣擧上書於
慶徵徵求曰新醅卽亨盃酒非時慶徵益怒上書宣擧所製
權順長知其事無奈何作義旅各守城堞李敦吾李
尙吉亦同爲守堞之議而各分其門所
三道舟師無一人來者忠淸水使姜晋昕星夜入援
丁丑正月二十二日通津守牒報曰賊方向道慶徵
曰江氷尙堅何能運船謂亂軍情欲斬之甲串津把
守亦報如此慶徵始若驚動自守甲串津卒不滿數

百張紳爲舟師大將向甲串姜晉晰卒七船與敵力
戰身被數矢張紳見敵無意進擊晉晰擊鼓揮旗督
促張紳紳終不進晉晰大呼於船上曰汝受國厚恩
何忍爲此吾將斬汝紳終不動仍順流而下本邑中
軍黃善身卒哨官百餘力戰而死慶徵亦知其無可
奈何棄船而走

船上力戰忠憤慷慨者無如晉晰而後以不能善
戰使賊渡江遂爲被誅張紳使之自盡於家而金
吾郎亦不來見人疑其逃生李垌尹新之俞省曾
皆在防禦所賊至棄船而走不過被劾而止李敏
求罪同慶徵而慶徵賜死敏求安置其可謂國有

公論乎
賊兵四圍前右相金尚容已知事去上南門樓据大
藥積以火落之而死權順長金益兼笑謂尚容曰大
監欲獨作好事耶仍與同死尚容妾孫十三歲兒壽
金奴善承順長之奴義男在傍而揮之不去皆爲同
焚與權金同事者尹宣擧也權金之將死宣擧謂以
永訣其妻而來見其妻謂以與友同死之意往來妻
友之間忽生苟免之計改名宣卜爲奴於陳原君使
行而故後其子拯以爲先人初無可死之義又云權
金兩姓未免浪死世道至此可勝寒心
賊至城外謂以講和而來請開城門尹昉以廟社提

調開門納之賊入城中屠戮一城援廟社主於汚瀆
昉收拾纍以空石載之卜馬使婢子乘其上後以此
黜昉之子新之身以都尉在防禦所不能死於國又
棄其父而逃其罪尚何言哉 俞伯曾之疏只擧尹昉
慶徵而不及於新之者何也
都正沈誢謂其妻曰君欲作忠臣妻耶其妻曰是吾
志也仍與同死繫疏納於懷中其疏曰臣沈誢東向
百拜上書于南漢山城　主上殿下臣與妻宋氏同
日自決以報國 李時稷作遺文付諸奴使遺其子而
自決其文曰長江失陷北軍飛渡醉將惶㤼偸生背
主義不苟生甘心自決殺身成仁俯仰無怍閔垶先

殺其妻而自決一門之內十二人皆死
捽當此時謂其妻禹氏曰汝非士族可以去矣禹
氏談笑自如炊飯自喫曰主君疑我我當決於前
仍為自決
李嘉相賊至藏其母而身為被擄其妻負其母而逃
嘉相意謂其母病不能自運必死於賊冒刃逃故來
見其母則母不在病母萬無生理不忍獨生乃裁書
付僧使傳其父兄以通必死之意往來賊陣中欲尋
其母尸終至被害洪晬庚賊刃其母以身翼蔽受刃
而死李敦吾李尚吉宋時業亦皆自決尹際守南陽
殉節○權順長之妻李氏其夫死後先縊其三女而

自縊洪時寅之妻見其夫死於敵自剄於夫尸之傍金槃李昭漢鄭百昌洪命一李一相之妻皆死於節其時婦女之立節不可殫記（余之高祖妣李氏亦殉節於甲串）金瑬李聖求金慶徵呂爾徵韓興一尹宣擧之妻亦皆死節其夫或諂於虜或降於賊或逃背君而或爲奴而歸其妻以婦女而能辦一命爲其夫者能無愧於其妻乎

金瑬李聖求力主和議末乃叙顔諂虜金慶徵城陷後棄其母與妻逃走韓興一呂爾徵虜至更被新衣曰初見他國之人不可不整先自入拜於賊曰姜碩期（作期）亦在此欲掐而混其迹也姜托以足躄

久而不出竟舍去尹宣擧其妻友約死妻友皆死

而獨不死微服爲奴而還

婦女之被擄者非一而李敏求之妻及其兩子婦之

事人皆嗤罵（時有一轍青驄兩耳生風之詩）敏求以爲其妻死節於

嘉山作銘稱譽求寫於東陽尉申翊聖聞者皆笑其

後妻妾之贖還者無不依舊同居獨張維以爲失節

之人不可爲配其子善徵之妻贖還後陳疏請令改

妻崔鳴吉啓曰如此則怨女必多不可不慮遂防啓

汗啟後立頌德碑於三田浦李景奭撰文吳竣書之

呂爾徵篆之其銘曰天子東征百萬其師有罪伐罪

知罪待罪人或有議故改而立之（谿谷張維澤堂李植亦皆作碑文而以不合不用用李文）

大駕還京之後南漢扈從之臣皆受賞加秩前判書
金尚憲上疏曰　　駕山城也執政大臣爭勸出城而
臣敢以死守之義妄陳榻前臣罪一也降書文字有
所不忍見者手毁其草痛哭廟堂臣罪二也　兩宮
親詣賊營臣旣不能碎首馬前病又不能從行臣罪
三也臣負此三罪尚逭刑章豈敢與諸臣之終始覊
的者均蒙恩數也嗚呼無信一時之要盟無忘前日
之大德毋過恃庸狠之仁毋輕絶父母之恩每想
先王奏聞萬折必東之語不覺感淚(作涕)之沾衣也云云
洪翼漢到瀋陽汗招問斥和之由翼漢脫衣赤立抗
言不屈以文字書示曰四海之內皆爲兄弟而無父

子之義也金國渝盟稱帝果若渝盟則是悖兄弟也
果若稱帝則是天子也二門庭之內豈有悖兄弟也
覆載之間豈有二天子乎金國之於朝鮮新有交隣
之約 大明之於朝鮮舊有字小之恩棄深結之舊
恩而守先背之座約於理甚不可於事甚不當首達
此議欲守禮義是臣職耳雖被誅戮實所甘心魂去
飛天歸遊故國快哉快哉惟願速死云云與吳尹兩
學士同日就死後許積以三學士謂之喜死釣名之
輩云 世道之憂豈不大哉
賊還之時留孔有德耿仲明與我國合勢攻椵島我
國以柳琳爲首將以林慶業爲副助攻之島險難攻

問策于慶業慶業畫之賊用是計而陷島慶業以攻
島之功受賊之爵云以慶業而乃如是耶未可知也
及其入島也我國之人殺掠漢人甚於胡兵嗚呼人
無人心豈至於斯乎都將沈世魁率手下兵登山賊
誘之曰若降則當富貴沈曰堂堂 大明之臣豈降
於犬羊乎遂力戰而死
乙卯賊命助兵攻 天朝以林慶業爲上將以李浣
爲副而送之判書金尚憲上疏曰伏聞朝廷從北使
之言將發兵五千助瀋陽犯大明臣聞之驚惑未定
夫臣之於主有可從不可從者當國家勢弱力屈姑
爲目前圖存之計而以 殿下撥亂反正之志臥薪

嘗膽今已三年雪恥復讐庶幾指日 仰望而當意愈
往愈甚事事曲從至於無所不至之地乎自古無不
死之人亦無不亡之國死亡可忍從逆不可爲有復
於 殿下者曰人有助寇讎攻父母 殿下必命有
司治之其人雖善辭而自解必加王法此天下之通
道也雖以利害論之徒畏强隣一朝之暴不懼天子
六師之移非遠詐也閣下列屯之兵海上樓船之卒
雖不足於掃疆復疆其於禁我國爲梗則有餘矣若
聞我國爲倀鬼於虜前問罪之師直到海西安謂可
畏者獨在於瀋陽也人皆曰彼勢方强違之必有禍
臣以爲名義至重犯之必有殃與其負義而終不危

亡曷若身正而俟命於天乎今若棄義背恩忍爲此
舉則縱不顧天下後世之議將何以見 先王於地
下亦何以使臣下盡意於國哉云云○林慶業李浣
率兵赴瀋潛通天朝密謀攻賊每於接戰去鏃而射
之爲賊所覺慶業拘於胡中浣出送遠謫砲手李士
龍星州士兵也爲慶業部下卒放砲不丸虜知之擬
刃於頸士龍不動虜釋之士龍復如是者三虜怒而
殺之士龍罵賊不屈而死天將祖大壽牒知之大書
旗上揭示曰朝鮮義士李士龍
林慶業李浣領舟師至登州密使投水人諭意於
天朝都督陣門 天朝付一封書遣還備言壬辰

一、東征之恩又言目今中朝危迫之勢又言若縛虜
賊以來分天下封萬戶云云慶業書濟太息將欲
捲甲啟正浣以貽禍本朝止之遙見 天兵發砲
揮軍使天兵覺而避之又去鐵財之虜怒而詰之
慶業遂奈以對指天爲誓浣只下而不誓虜又詰
之浣正色曰士大夫不爲此浣放還而謫元山十
年耕田慶業拘虜中從後還國爲自點矯詔潛殺
浣至 孝廟即位召還爲將與宋時烈密謀復讎
大義已夜 孝廟薨而事遂止嗚呼痛哉
鄭雷卿以春坊在瀋陽時我國以生梨紅柿等物送
於汗鄭命壽改其文書減其半鄭雷卿欲因此事除

去命壽與司書金宗一漢人之被虜者同心結約欲
并殺龍馬事覺龍馬怒先殺漢人又詰責我國 上
欲遣使救解相臣崔鳴吉曰如此則益致其怒莫若
先爲賜死之爲愈也仍賜死雷卿宗一拿來遠謫盖
朴簹從前奉使虜中與龍馬及鄭命壽結爲兄弟至
於相視其妻子其親切可知也簹入瀋陽與雷卿同
處館中雷卿見簹行廢心鄙之不與之同坐至是雷
卿之死是簹之所嗾也○崔孝一義州品官也丁丑
之后慨然自廢閉門不出府尹黄一皓嘉其志遇之
甚厚忽一日盡賣家産田宅浮海而去入于皇朝鄭
命壽者本以宣川人聞知此事嗾奴僞作孝一之書

寄其甥居義州者其甥答書以諺書備陳曲折又言黃府尹亦歎服撫恤吾家云云虜見書怒出送差虜崔族之名在諺書中者盡爲拿來右相姜碩期欲律以安置絶島領相李聖求力爭以處斬擬律洪瑞鳳齋啓救解而亦不得聖求阿於命壽而賣主之也鄭命壽出坐南別宮斬崔族張厚達等十一人又戮黃一皓　仁廟於黃之死尤有所不忍欲以千金緩其禍而終不得黃之臨死其友李德洙呼其字曰平生欲爲國死今乃浪死誠慘矣黃笑曰我雖浪死猶勝於今輩之生云云○崔孝一車禮亮車忠亮車孟允車元轍張厚達安克誠此瀋上七義士與黃一皓

同其謀者也崔一孝潜往南京知本事之不成亡
命匿於 毅宗陵下七日不食嘔血而死車禮亮
潜使瀋陽事露為胡之所執以竹針刺十指終不
屈罵賊而死忠亮禮亮之從弟也孟允二車之族
姪也同與被禍於義州元轍忠亮之子也年十七
時我朝差官為刑官有救活之意問曰汝之姓名
元轍云云答曰男兒死則死耳豈變姓名而生乎
吾之姓車名元轍仍死於義州張厚達崔孝一之
甥也鄭命壽之潜修孝一書者也死於南別宮下
安克誠同與四車死於義州崔旅即孝一之從叔也
崔鳴吉李聖求至瀋陽龍胡問曰貴國有斜陽者不

用大清年號下城之日不隨扈亦不受職云然耶斜
陽指金尚憲胡語如此也中得淵到灣上被龍胡嗔
責哀乞生道於命壽命壽曰若言横議之人則可以
得生得淵即書金尚憲書漢英給之龍胡聞此言催
促入來於備局閔子到安東金尚憲即為發行言語
動止一如平昔到京城 上賜貂裘及行資曰善為
開陳以解其怒行到龍灣着布衣皂冠負於人而入
入而偃卧胡輩亦不嗔責龍胡問曰國王下城之日
獨以為清國不可事不為扈從是何意也答曰老病
不能從行又曰不受官爵何也答曰國家以老病不
能除職又曰請出師時何以沮撓乎答曰吾守吾志

告于吾君國家不用吾言微細之言何以至於他國乎又曰何以謂他國答曰各有境界安不得謂之他國乎胡輩别無怒色曰此人應答甚快最難老人别定差使使之扶護且令乘轎而來入瀋中一如灣上問答行則必負於人入則必偃卧胡人不爲呵噤及出若値路險則胡將必下馬扶引所乘之轎醜虜之尊敬如此後東陽尉申翊聖與其弟東江翊全亦以斥和被囚於瀋中而還丁丑以后 上遣使一二大臣悉陳我國爲 中朝事情及亂後事勢纂書以海路潛送 中朝書入 明天子大加襃賞登萊軍門亦遣差報謝後爲淸國所覺平安監司鄭太和善言

解之竟得無事○崔鳴吉前後賣國之罪不可容誅
然潛送獨步之事纂書潛遣之擧崔溟周旋容或少
赦其前罪耶申安撫景禛與崔相謀得僧人獨步潛
入天朝備陳丁丑勢窮力屈萬不得已之狀步得報
而歸其回啓曰貴國一段苦情天人共鑑轉達天聰
則惻念遐方甚爲謹切貴國歷世貞順勞不可泯雖
蹙迫時勢見辱於虜中朝文武方切齒彰念豈復忍
督權宜之計甚不然矣安心協力以致桑榆賢王以
英明之姿遭陽九之會文獻名邦竟爲犬羊所噬胡
馬猶撤存食屬国而我不整師剪滅此亦貴藩之劫
數也將來須相與密商焉云云

嗚呼甲申三月胡虜竟入 南朝 毅宗皇帝殉于
社稷 日十九 孝廟登位亟欲復雪與儒臣宋時烈日
夜密謀志業未成中遂厭殂天乎千古志士之痛也
肅廟甲申設大報壇於苑中以祀 皇明宋時烈亦
以一間茅屋祭昭王之義祀 神宗毅宗兩皇帝於
清州之華陽洞後廷臣聞于 上建廟曰萬東廟
近見吾黨之士能知中國事者多明言我國事者
少蓋務於遠而忽於近之病也仍浸浸然至於後
是非之分邪正之卞或不明於世作之史者莫知
所措而擇之故余以是之懼略記朋黨之分士禍
之起壬丁兵亂之作名之曰我我愚安敢擬之於

知我罪我之義也其於鬼神在上焉敢誣也之戒
吾不為之辭也後之史氏無以人廢言也

雪下居士南紀濟仁叟著

原論

南氏我我專為黨論發是非之分邪正之卞
可謂詳且明矣而節隨問而答因事而記苟
非素知其顛末者猶恐有難解處茲以前人
所著原論一篇尾附俾蒙學有所參考焉

黨之所由來遠矣進退消長不啻萬變而邪正忠逆
之分始微而終著國朝數百年來其已然之迹歷歷
可按而知也昔在 明廟朝沈義謙以舍人稟事尹

元衡見金孝元寢具在其甥室心鄙之及 宣廟時
孝元釋褐有盛名吳健力薦銓郎則義謙執前事不
許少輩譁然指義謙妨賢矣權孝元又曰義謙為戇
粗至謂不可柄用搢紳游談之徒左右交亂動以戚
畹士類為黜陟之論然義謙當李樑用事嘗有保護
善類功前輩諸公年高位尊者多扶翊之自是沈金
各立而士林先後輩遂成睽貳孝元家在駱山稱東
人義謙家在白門稱西人東人推金孝元金宇顒許
曄李山海柳成龍李潑李洁李敬中鄭仁弘等西人
推沈義謙朴淳鄭澈金繼輝辛應時尹斗壽尹根壽
李海壽洪聖民等是皆經術才猷負一代之傳望者

也至乙亥許曄金孝元為臺諫以微事強侵朴淳淳
在相職被律推考東人之計欲使淳自引去以孤沈
勢而已於是金繼輝彈許曄而趙瑗繼論東人大譟
李文成珥揚言于朝以為東西士類不可偏攻乃與
盧守愼白上出補沈金二人於外要為鎭靖其後戊
寅東人稍盛西人尹現與東人金誠一同郎銓部不
相能誠一等欲陷三尹未得乃起李銖張世良獄
竟無驗鄭澈素剛輒揚李潑輩過惡金繼輝又訟尹
斗壽被誣事東人積不平辛巳鄭仁弘起林下拜掌
令自以淸論將劾義謙蓋國家濁亂多出戚里故士
類或嫌焉時則 仁順后已上賓義謙固無內援東

人之攻之徒執虛名凡右沈者舉皆目爲邪黨新進
之士浮慕美名惟東人是推東黨由此益熾李珥爲
大憲見時論轉激慮不能保合勉從仁弘略論沈義
謙積失士類之心請罷其官東人又揚言鄭澈與沈
爲朋比以恐動上聽李珥爲澈力卞之尹承勳橫肆
侵詆於珥至奏末許篈宋應溉朴謹元等相繼搆揑
於是李珥竟被誤国小人之目成文簡渾適赴朝上
章痛卞鄭澈又從以力言　上亟作應溉等三人投
之遐自甲申李珥沒朴淳劾去金宇顒李潑等漸加
攻揑西人之尊珥渾者常困於貶辱未幾爲己丑東
人前修撰鄭汝立逆變作上使鄭澈爲委官治獄大

臣鄭彥信及李潑李洁白惟讓書大中等皆死其黨與多坐竄黜東人崔永慶以曺植門人有淸修名官至臺憲汝立獄有吉三峯謀主之說朝家方詗捕湖南伯洪汝淳密告謂吉三峯卽永慶自嶺外拿逮卒死於獄時鄭澈已遆委官東人猶疑成渾嗾澈搆殺爲永慶怨恨猶深李山海以達儲事蜚語煽說方鄭澈在相府　上特敎逐之兩司仍迎合論罪栫棘江界一隊善類無不以奸黨竄黜錮是爲辛卯東人得志之時壬辰倭變　車駕播越次松都一宗室上疏請治金公諒交通亂政之罪又論李山海挾輿援誤國狀乃命罷山海相職流于平海　上御南門樓俾民又

老交集請召還鄭澈 上赦澈趣赴 行在當時寇
乱日深西人之曾見擯棄者皆能仗義死節趙憲金
千鎰高敬命宋象賢等最其著見者東西二黨咸服
於朝而倭寇尚屯南海国憂板蕩朝臣莫暇相攻擊
及戊戌倭始撤故山海亦已宥還屬鄭澈沒而東人
復張持澈甚急追奪其職山海子慶全將薦入吏曹
錄東人鄭經世執不可山海怨經世嗾其黨移攻其
師柳成龍於是右成龍者有李元翼李德馨李睟光
李光庭韓俊謙等是謂南人以成龍家嶺南也右山
海者有柳永慶奇自獻朴承宗柳夢寅朴弘耇任國
老李爾瞻等是名北人以山海居洛北也南北分而

北人尤盛東人之黨遂絶辛丑北人專國鄭仁弘使文景恭等誣成渾以不赴國亂潛害永慶竟至追削西人之前後言事者貶黜殆盡戊申光海即位崇用北人而西人與南人俱失勢癸丑誣獄論國舅金悌男扶永昌大君謀逆殺之幽 仁穆大妃于西宮北人又分為大小主廢母論者為大北異者為小北大北以李爾瞻為魁韓纘男鄭仁弘許筠李惺白大珩等積之小北以南以恭為首柳永慶朴承宗奇自獻柳希奮金蓋國等輔之互恃恩寵以威福相軋時人號為三昌爾瞻承宗希奮勲等號皆昌也李慶全初與爾瞻善恐禍及己使其子進士襄上疏請斬爾瞻

於是慶全爲小北當光海之初相臣柳永慶父子以
私於永昌爲仁弘所殺而希奮在戚里秉權小北之
黨猶不衰雖然大北最强故又自分裂鄭昌衍李濱
柳夢寅以救鄭蘊爲中北而又有淸北濁北骨北肉
北皮北之名矣癸亥　仁祖反正文武勳臣皆出於
西人金瑬李貴申景禛具宏張維洪瑞鳳崔鳴吉沈
命世等協贊義擧彝倫自叙大北自李爾瞻鄭仁弘
以下盡誅死自後無敢以大北自名者西人遂執國
論舊相李元翼南人也召爲元輔仍通用南人小北
然小北中北不能自立爭附於西南者甚衆　上以
朝臣西南强弱未嘗不爲之扶抑而臨御二十七年

之間南人無柄用者惟張顯光以山林擢冢宰李晅
求秉胡亂得至三司李珥成渾從祀之論南人猶醜
斥不已　孝宗初元西人亦秉政禮羅賢俊倡大義
於天下宋文正時烈首膺聘召列于朝者盖多西人
而趙絅洪宇遠許穆尹鑴權諰等亦以南人有時望
往往厠於其間己亥　孝廟薨　莊烈后旣服昭顯
長子三年至是定以朞年制南人久已蓄憾伺釁尹
善道鑴穆等煽爲卑主貳宗之說借禮嫁禍宋時烈
爲其的甲寅　仁宣后上賓爲是　顯宗末年以
莊烈后不爲長子婦服會諸臣議禮怒斥西人首相
金壽興被謫宋時烈以首事待罪先是淸風府院君

金祐明用遂道葬父閔維重劾其失佑明疑受指於宋時烈轉成鑴隙乙卯 肅廟嗣服金佑明與許積等合而宋時烈坐誤禮栫棘海島又蔟告 廟按律之論許積既執柄其子堅與宗室楨枏兄弟結爲羽翼圖不軌先欲去金佑明鑴乃請管束 慈殿洪宇遠趙嗣基朴瀗等又陳疏其爲說異於俌聽者無幾佑明憂憤不起疾積舊相金壽恒抗章力討鑴等詐不售庚申金錫胄金萬基等蔟積堅諸南人謀逆上亟命鞫得其狀於是尹鑴許積許堅吳挺昌柳爀然李元楨趙碩等皆死而餘黨竄黜廢西人遂復當國壬戌又有許璽許瑛逆獄自庚申亂後金錫胄實受

上旨偵察諸南人逆節及錫胄赴燕以機密巻付金益勳是時益勳使金煥發告重瑛果以大逆伏誅而他所引或無其實西人趙持謙韓泰東等劾益勳誣人希功措辭不遺力其意為後日全身地欲與重瑛已正法者而疑亂以是論議歧貳西人之中老少標榜立矣當時廟朝之上前輩五六人有金錫胄金萬基閔維重閔鼎重金壽興金壽恒李端夏李敏叙等咸宗宋時烈不與時議其號老論以年位尊也趙持謙韓泰東等自成一黨以排擠勳戚自名清流朴世采吳道一南九萬尹趾完朴泰維等助之世又稱之以少論初尹宣舉當江都虜亂與妻友約死身獨苟

免悔過志學有儒林聲譽其子拯嘗學於宋時烈且
與南人權愭李三達聲氣潛連宣擧死之年己酉有
擬與宋時烈書所言皆崇奬鑴穆諸南人者拯又編
年譜備載其說幷擬書秘不出至 顯廟癸丑見鑴
黨朝夕且入乃請其父墓銘於宋時烈時烈始見年
譜擬書所論與平日所稱者相反深疑其死生心迹
所述碣文不能滿拯心拯外存師弟之名陰肆詆誣
仍附持議等爲勢云甲子其黨[illegible](作愈)相繋則顯絶師門遂
與南人合及己巳而 景宗已誕生定號元子南人
閔黯權大運睦來善閔宗道金德元等用事 仁顯
后退處私第李珥成渾黜於 聖廡乃援宋時烈金

壽恒李師命金益勳進尹拯爲大司憲援拯伸鐫削
去庚申保社勳持謙等先已死用前言益勳事逮請
襃贈餽其妻孥米肉甲戌　坤宮復位張氏廢　上
亟誅閔黯李義徵逆黠諸南人時大臣南九萬柳尚
運等以少論陰爲自全計不爲國母討賊由是張希
載得免朴世采以左相赴　召討希載不得請南朴
又分論尹趾完徐文重朴泰尚申翼相崔錫鼎等依
九萬爲黨申琓俞得一申銋等從世采變爲老論辛
巳　仁顯后上賓希載閔彦良宗室杭等巫蠱事發
竟就戮九萬亦以罪逐去甲戌以後老少論迭進毁
十年輒有尹拯是非之爭少論復以拯爲宗黨爲南

人見廢立朝者絶少然自九萬倡邪論儒生林溥李潛之疏藉國本而嫁禍於老論賴 上英斷士林得無事丙申 上專任老論嚴斥尹拯削其父子官職以示好惡首相金昌集以宣擧文集有僭妄語要去書板少論柳鳳輝朴弼夢李眞儒崔錫恒李光佐尹暿聖李明誼徐宗廈林象極吳命尹等終始投甌血戰思欲一逞逮辛丑 景宗嗣位不幸以有疾嗣續無望大臣金昌集李頤命李健命趙泰采等奉 慈旨策立 令上爲王世弟則鳳輝首疏斥之 命世弟代理國務則金一鏡趙泰耈韓世良等踵鳳輝逞爲遏言請 上有疾惟動搖貳極是急旣挾宦竪朴

尚儉謀危　世弟事覺只誅尚儉滅口俄又嗾睦虎
龍誣告老論諸臣謀逆錫恒光佐等按獄鍛織殺金
昌集等四相臣特以代理節目聯箚事爲逆案卿宰
武將朝士儒生駢羅屠戮是謂辛壬士禍東國所未
有也虎龍旣策勳而一鏡等撰頒教文立誣直逼
儲位甲辰　景宗薨趙泰億撰頒教文又襲一鏡餘
意至乙巳　今上初服一鏡虎龍李師尚尹就商等
後先罪死泰億亦竄老論復進鄭澔閔鎭遠爲相卒
百官請誅鳳輝以下諸少論　上以事關聖躬包容
寬貸只許投竄至三年丁未群臣爭益力　上深軫
黨禍更爲黜陟忠逆舊案一併撥翻之少論又得志

戊申逆亂大作少論沈惟賢朴弼夢等復煽一
鏡所倡不道說與南人李麟佐鄭希亮等連三道傳
檄擧兵光佐居首相授李思晟關西節度使昇南泰
徵兵內外相應北伯權益寬湖西伯權詹各爲聲援
麟佐兵先陷淸州帥臣李鳳祥不屈而死亂定明誼
聖時眞儒崔厚象極命丹學以逆賊死 「孝章世子
薨南人鄭思孝道隆少論李械等與崔室埈圻結官
妾邑尙根籍始發於庚戌壬獄皆伏邦刑於是 上
召老論諸臣幷收諸黨號曰蕩平少論趙文命老論
洪致中俱以相臣主張行之十餘年忠逆是非一切
混淆乙未以來國是稍定始取凥龍誣案大之昭雪

忠亮褒贈如舊乙亥尹志尹尚自逆亂又起李夏徵

朴纘新趙東彪等孽。(就)誅衷仍討恭者鳳輝世良益

寬李明彦權縶等十數賊追加大逆律師尚訥尚真

儒等并亦孥籍錫恒恭億光佐削其官秩大赦國中

自己酉庚戌朝廷諸黨新進而小北附少論南人則

各附老少惟其時勢少論峻緩互貳峻者主恭者光

佐之論緩者皆從趙文命老論亦有緩峻峻者以忠

逆混(緩論)爲難進之義緩者務立和平浮沉取用分離

乎張(李)朝象慶証會志徵出而奸連多凡少論立朝者

聯名討韋首討者輝等諸逆指爲亂本南人小北又

繼之其論與老論同歸至是民志得定國論不貳云

蓋自穆陵之世黨議已立東人士類夫豈非清名峻
節而及其轉也一敗於汝立再敗於仁弘爾瞻三敗
於堅鎬四敗於顯宗道五敗於儒佐希亮少論初起
亦何嘗不托於清議而終至於蠹倫敎逞亂逆自九
萬尚運而為鳳輝泰耉自鳳輝泰耉而為維賢鏐顯
自維賢鏐顯而為志夏徵宗社幾不免顚覆其禍
尤烈其故何哉處心一誤流害至此毫釐
千里之喩 公議難渝
若耉輝光恒者其徒之崇奉視為三十年宗魁一朝
浴請討置諸誅夷之典而衆口無異
辭可以見黨比之私卒無 之衆而 宗

國無疆之休庶幾自今而始觀也

竹裏居士金龜鉉賡叔

當宁即位之年乙酉九月始謄十月畢書于華南精舍

我我錄卷之四終

병자사략

丙子事略

영인 자료

《我我錄》 卷4, 華南精舍 등사본, 1849, 규장각한국학연구원 소장

여기서부터 영인본을 인쇄한 부분입니다. 이 부분부터 보시기 바랍니다.

역주자 **신해진(申海鎭)**

경북 의성 출생
고려대학교 국어국문학과 및 동대학원 석·박사과정 졸업(문학박사)
전남대학교 제23회 용봉학술상(2019) ; 제25회·제26회 용봉학술특별상(2021·2022)
현재 전남대학교 인문대학 국어국문학과 교수

저역서 『사류재 이정암 서정일록』(보고사, 2023), 『농포 정문부 진사장계』(보고사, 2022)
『약포 정탁 피난행록(상·하)』(보고사, 2022), 『중호 윤탁연 북관일기(상·하)』(보고사, 2022)
『취사 이여빈 용사록』(보고사, 2022), 『양건당 황대중 임진창의격왜일기』(보고사, 2022)
『농아당 박홍장 병신동사록』(보고사, 2022), 『청허재 손엽 용사일기』(보고사, 2022)
『추포 황신 일본왕환일기』(보고사, 2022), 『청강 조수성 병자거의일기』(보고사, 2021)
『만휴 황귀성 난중기사』(보고사, 2021), 『월파 류팽로 임진창의일기』(보고사, 2021)
『검간 임진일기』(보고사, 2021), 『검간 임진일기 자료집성』(보고사, 2021)
『가휴 진사일기』(보고사, 2021), 『성재 용사실기』(보고사, 2021)
『지헌 임진일록』(보고사, 2021), 『양대박 창의 종군일기』(보고사, 2021)
『선양정 진사일기』(보고사, 2020), 『북천일록』(보고사, 2020)
『괘일록』(보고사, 2020), 『토역일기』(보고사, 2020)
『후금 요양성 정탐서』(보고사, 2020), 『북행일기』(보고사, 2020)
『심행일기』(보고사, 2020), 『요해단충록 (1)~(8)』(보고사, 2019, 2020)
『무요부초건주이추왕고소략』(역락, 2018), 『건주기정도기』(보고사, 2017)
이외 다수의 저역서와 논문

설하거사 남기제 병자사략
雪下居士 南紀濟 丙子事略

2023년 3월 31일 초판 1쇄 펴냄

원저자 남기제
역주자 신해진
펴낸이 김흥국
펴낸곳 도서출판 보고사

책임편집 이경민
표지디자인 김규범

등록 1990년 12월 13일 제6-0429호
주소 경기도 파주시 회동길 337-15 보고사 2층
전화 031-955-9797(대표)
팩스 02-922-6990
메일 bogosabooks@naver.com
http://www.bogosabooks.co.kr

ISBN 979-11-6587-460-5 93910

정가 16,000원